Smith County
Tennessee

Marriage Books

1838
and
1845-1854

By:
Works Progress Administration

Southern Historical Press
Greenville, South Carolina

This volume was reproduced
from a personal copy located in
the Publishers private library

Please direct all correspondence and book orders to:
SOUTHERN HISTORICAL PRESS, Inc.
1071 Park West Blvd.
Greenville, SC   29611

Originally Printed 1936
    Work Progress Administration
ISBN #978-1-63914-684-0
Printed in the United Sattes of America

MARRIAGE RECORD SMITH COUNTY 1838

No.
1. Thomas D Maddux & Elizabeth J. Garrett, Feb. 5, 1838 by L. H. Cage, M. G. Feb. 5, 1838

2. Francis H. Gordon & Catharine C. Moore, Feb. 13, 1838 by John W. Bowen M. G. Feb. 15, 1838

3. William K Carr & Louisa Chamberlen, Feb. 16, 1838 by Wm. C. Bransford, M. G. Feb. 22, 1838

4. Vincent Thompson & Hariet (?) Black, Feb. 21, 1838.

5. Kmibrell Harris & Prudence James, Feb. 23, 1838 by Exum Whitly J. P. Mar. 2, 1838.

6. Albert Smith & Sarah Ann Dickens, Feb. 24, 1838, by W. H. Christan, J. P. Mar. 26 1838

7. Thomas Fisher & Mary. Jane Dedmon Feb. 27, 1838 by W. H. Christan J. P. Mar. 1, 1838

8. Washington Hastings & Mary Holeby, Feb. 28, 1838 by L. H. Cage, M. G. Mar. 4, 1838

9. Wm. L. Oldham & Jane Massie Mar. 5, 1838

10. John Uhls & Mary Waggoner, Mar. 8, 1838. by Thos. W. Wooten, J. P. Mar 8, 1838.

11. Hosea M. Carman & Leetha Chambers Mar. 12.1838 by E. J. Allen M. G. Mar. 4, 1838

12. Woodson Palmer & Charlotte Morgan mar. 12, 1838 by James West J. P. June 4, 1838

13. George M. Terry (or Townes) Eliner D. Goodall, Mar. 12, 1838 by W. C. Bransford, M. S. Mar. 15, 1838

14. Arch Allen & Elizabeth Jones, Mar. 15, 1838 by Wm Moore ? J. P. Mar. 15, 1838

15. Shelby C Beasly & Sarah Page, Mar. 16, 1838 by E. B. Haney M. G. March 22, 1838

16. Joel Algood & Julia Patterson, April 4, 1838 by Simmon Carters (?) M. G. Returned May 31, 1838

17. Lee C Glenn and H Eliza Maggard Apr 2, 1838 by Stephen Mann J. P. Apr. 8, 1838

18. Thomas J. Black & Phebie Chism Apr. 10, 1838

19. Carroll Betty & Dorcas Warren Apr. 10, 1838 by Stephen Mann J.P. Apr. 20, 1838

20. Wm Pigg & Martha Duncan Apr, 12, 1838 by Wm P. Hughes, M.G. Apr 12, 1838

21. Benton Kemp & Mary Deal, Apr. 13, 1838

22. Elisha Congo & Jane Congo Apr. 14, 1838

23. Lewis (?) Penelton to Elizabeth J. Berry April 19, 1838

24. William Rigsby & Rebecca Vann, Apr. 27, 1838 by Jno. Harper M.G. Apr. 27, 1838

25. Asa Alus (?) & Blancy Jackson, May 3, 1838 by A. A. Breed? J.P.

26. James A.(?) Bennett & May J. McGee (?) May 7,1838 by Gideon H. Bransford

27. David Blankenship & Judith Holland May 9, 1838 by Miles West

4 28. Elias M. Booker & Martha Jane Douglass May 11,1838 by D. K. Timberlake, M.G. May 15,1838

29. Jno Gibbs & Malindy Pirkens, May 17, 1838 by Stephen Mans J.P. May 17,1838

30. Jacob Ray & Mary Starns June 2,1838

31. Jas. Gillespie & Susan Burton June 13,1838

32. William Smith & Pamelia Perkins,20 1838 by Stephen Mann J.P. June 21,1838

33. Brooks Robinson & Mary J. Vann June 21, 1838 by D. K. Timberlake M.G. June 26, 1838 License returned July 13,1838

34. Wm C. Sypart and Pamelia F. Percy(?) 26,1838

35. Curtis Stonecipher & Catherine Goddard, June 27, 1838 by N. Thornton Md. June 27, 1838

5 36. James H. Browne (?) & Jane Richards, June 27,1838 by E. B. Haney June 27,1838

37. Jno. Exam (or Evans) & Lucy Coggins; June 30,1838 by Wm Prince (?) J.P. Juy. 1,1838

38. James M Owens & Winfred E Vaden, July 14,1838

39. M. H. Amonett & Martha Dedmon, July 14,1838

40. Jessee Coker & Nancy Wood July 14, 1838 by W. C. Bransford M.G. Aug.2,1838

41. Charles Carter & May Rison July 17,1838

42. Wm. W. McKinney & Mary Linch July 24, 1838

43. Samuel D. Hughes(?) Susan Highers, Aug 3,1838 by James West J.P. August 3,1838

44. Christapher Ewin & Sally W Nichol Aug.6,1838 Pleasant Moris & Louvania D. Johnson Aug. 7,1838 Returned Aug. 22, 1838 I hereby certify that on Thursday 9 August I solemnized the rights of matrimony between within named parties, they being of lawful age. Aug. 21,1838 W. Simmons (?) M. G.

45. Erin W. Davis & Amy Hale, Aug.8,1838

48. Jesse Jones & Delila Adams Aug. 8,1838 by Robert Davis M.G. Aug. 8, 1838

49. Eli Burtan & May Joanah Kerly Aug. 8,1838 by Samuel Jones J.P. Sept.15, 1838

50. Francis Hays & Emily Knight, Aug. 9, 1838.
51. Joseph Duncan & Nancy Hughes, Aug. 14, 1838 by E. White J. P. Aug 14,1838

52. Phineas Man & Mary Kerly, Aug 21, 1838

52(a) Jno Bush & May Pigg Aug. 22, 1838

53. Wm Conner & Nancy Craize Aug. 23, 1838

53 (a) James C Craige & Margarett Bennett 23 Aug. 1838
54. Jno Howell & Martha Dickens 27

54 (a) David Wakefield & May Polke 27 Aug

55. Thomas Lamsons (or Samsons or Gammons) & May Polke 29 Aug
    Andrew Williams & Mercy Sandlin 31 Aug.

57. Michael L Uhls & Sarah Lovelady 31 Aug.

58. Burwell Whitlock & Sally Atwood 6 Sept. 1838

59. Philip McClanahan & Lutha D. Rucker 6 Sept. 1838

60. Jno Bradly & Sarah Dyer 6th Sept. 1838 by N Houstan J. P. Sept. 6, 1838

61. Rufus Hanes & Willie Ann Martin 7 Sept. 1838

62. Jno. C. Coleman & Lew An Wakkins 17 Sept. 1838

63. Jonah Reece & Elizabeth P. Given, 17 Sept. 1838

64. George W. Smith & Jerusha M Haden 17 Sept. 1838 by James West J.P. Sept. 20, 1838

65. Bedford L. Hering & Margaret M. Pendans 20 Sept. 1838 by D.K. Timberlake M. G. Sept. 26, 1838

66. M. W. Sloan & Eliza W. Lucas 27 Sept. 1838

67. Geo Hughes & Martha Weatherford 23 Sept. 1838

68. Dempsy Powell & Keziah Alexander Oct. 4, 1838

69. Nathaniel Kerly & Sarah A. Willis Oct. 5, 1838

70. Jno. Fuller & Ann Huff 5 Oct 1838

71. Joseph P. Allison & Amy Tucker 1 Oct.

72. Samuel Baliff & Mary A. Fletcher Oct. 10, 1838

73. William Massey & Mary Ann Averette Oct. 11

74. Jacob A. Cheek & Martha Shelton Oct. 11, 1838

75. Jno. Wilson & Della Kemp Oct. 11, 1838

76. Henderson Hargis & Cardua C C Hargis 17 Oct 1838

77 Williamson Reece & Polly Pully 17 Oct. 1838

SMITH COUNTY
MARRIAGE RECORD 1845-1854

Page No.

1. Roland C. Kindred & Martha A. Kerley July 22, 1845 by Leroy H. Cage, M.G. 24 July, 1845

2. Elijah Warford & Cynthia V. Eaton, Sept. 22, 1845

3. Isaac Belcher & Lucy J. Prestone Sept. 17, 1845

4. William A. Smith & Minerva Smith Oct. 14, 1845 by Jas. C. Dickens, J.P. 14th October 1845

5. William J. Eatone & Catharine Scrivner Nov. 4, 1847

6. John S. Davis & Nancy N. Smith Nov. 20, 1847

7. Leonides Edwards & Mary Hogg Feb. 14, 1848 by W. T. Bennett, 14 Feb. 1848

8. John W. Fry & Mary Patey Feb. 17, 1848

2 9. James Kyle & Martha Smith April 3rd 1848 by F. P. Gill J. P. Same day

10. William Johnson & Mildred A. Anderson April 4th 1848 by Lewis Dies Apr. 13, 1848.

11. Eleazer Smith & Mary Whitley April 6th 1848 by J. C. Sanders (Seal) J.P. Apr. 8, 1848.

12. John Reed & Matilda J. Inge April 10th 1848 by J. Dedmon J. P. Same day

13. John Hawkins & Adelina P. Owens April 12th 1848 by John Gold 13th April 1848

14. John Porter & Ann Gwaltney April 14th 1848 by J. B. Andrews J. P. April 16th 1848

15. Lemuel A. Hammock & Martha Wood, May 3d 1848

16. Daniel Temples & Milly Ann Carter, May 3d 1848 by L. A. Smithwick M. G. 4 May 1848

3 17. Henry Aldridge & Matilda Karnet May 6th 1848 by Stephen Petty J. P. 6th May 1848

18. James C. Preston & Isabell Woodson, May 9th 1848 by J. W. Petty J.P. 10th May 1848

19. Arthur Winkler & Sarah S. Sanderson May 18th 1848 by J. R. Sloan J. P. Same day

20. John Thomas & Minerva Whitsel May 18, 1848 by J. C. Sanders, J. P. May 18 1848

21. John Williams & Nancy Hires May 27th 1848 by L. B. Flippen Esqr. 29th May

22. Thomas Claraday & Nancy Fivash May 27th 1848 by R. Lyon May 30th 1848 William N. Suit Wit.

Page	No.		
3	23.	Peter Dejarnett & Emily S. Trail June 9th, 1848 by Isaac Jones (Seal) J. P. June 11th 1848	
	24.	Thomas D. Sexton & Hickey J. Farmer June 13th 1848 by J. C. Sanders J. P. 29th June 1848	
4	25.	James T. Reece & Susan Reece June 14th 1848 by Sampson McClellan J. P. 14th 1848	
	26	Lewis Pendleton & Nancy Moore June 17th 1848 by J. W. Petty J. P. June 18 1848	
	27.	James S. Hart & Sarah A. Bailey, June 19, 1848 by John P. Campbell June 20, 1848	
	28.	Willis Jones & Elizabeth Suttan March 4, 1847 by J. W. Grissom (J.P.)	
	29.	Dixon Highers & Hannah Creage June 5, 1847 by J.W.Grissom J.P.	
	30.	Archabald O. Flippen & Louisa L. Page Oct. 26, 1847 by Jas. W. Grissom J.P.	
	31.	William S. Cody & Ferdelia W. Anderson Nov. 2, 1847 by Jas. W. Grissom J.P.	
	32.	Robert Gann & Elizabeth Cunningham Nov. 17, 1847 by Jas. W. Grissom J.P.	
5	33.	George W Eastes & Eliza J. Hazard December 20, 1847 by Jas. W. Grissom J.P.	
	34.	Joshua Snider & Lurania Highers May 16th 1847 by Jas. W. Grissom J.P.	
	35.	William P. Beasley & Mary C. Hogan Dec. 13, 1847 by Jas. W. Grissom J.P.	
	36.	William Gillehan & Nancy Wood June 17, 1846 by M. Whitten (Seal) J.P. June 18, 1846	
	37.	James N. Turner & Jerusha M. Durham June 24, 1848 by Isaac Jones (J.P.). June 25, 1848	
	38.	Lewis McFarland & Maragret Chambers June 26, 1848 by Leroy H. Cage MG. June 27, 1848	
	39.	M. B. Kittrell & Matilda Haynie June 27, 1848 by W. C. Bransford, M.G. June 25,1848.	
	40.	Booker Wakefield & Martha A.Smith, June 28, 1848 by L. D. Ballou (J. P.) June 29, 1848	
6	41.	Archible White & Roseana Frederick June 30, 1848 by Rowland W. Newly (J.P.) June 30, 1848	
	42.	Thomas Abbetts & Syntha F. Grant July 4, 1848 by T. P. McMurry, (J.P.) July 11, 1848	
	43.	James M. Pettrus & Hannah Cango July 12, 1848 by Tho C. Marchbanks, (J.P.) July 16, 1848	
	44.	Jackson Gillihan & Susan A Farmer July 17, 1848 By Jas. Trousdale (J.P.) 18 July 1848	
	45.	Andrew T. Jackson & Roda Driver July 18, 1848 by B. T. Butler M.G. 20 July 1848	

No.   3.

46. Latin Dickens & Elizabeth Maggard, July 24, 1848 by D. K. Timberlake M. G.
25 July 1848

47. Benjamin Javancew & Lucretia Owens July 27, 1848 by F. B. Flippen (J.P.)
27 July 1848

48. H. G. Grain & Frances E. Brooks, July 28, 1848 by Leroy H. Cage, M. G.
2nd August 1848

49. Joseph Dillard & Marina Dickens August 4, 1848 by Wm. Shoemake (J.P.)
Same Day

50. James P. Garret & Caran Payne , Aug. 7, 1848 by E. B. Haynie, M. G. Aug.
10, 1848

51. Michael F. Wade & Mary Dice August 16, 1848 by G. G. Dillard J. P. Aug.
17 1848

52. Eldred Exum & Jacky Ann Underwodd, Aug. 16, 1848 By Fredrick Starnes J. P.
Aug. 18, 1848

53. Johnathan E. Whitten & Mary Jane Scruggs, Aug. 16, 1848 By Stephen Petty J.
P. Aug. 17, 1848

54. Daniel Chumly & Eliza Saddler, Aug. 18, 1848 By J. Dedmen (J.P.) Aug. 19,
1848

55. John Lynch & Jane Harris Aug. 21, 1848 by Jas. Trousdale J. P. Aug. 22, 1848

56. Bird Sexton & Judea Lester, Aug. 24, 1848 by Thos. C. Marchbanks, Aug. 24, 1848

57. William R. Foylar & Sarah Bates, Aug. 25, 1848 by J. C. Sanders J.P. Same Day

58. Hansan Battan & Amanda Tamberson, Sept. 4, 1848 by J.R.James (J.P.) Aug.
14, 1848   (Sept)?

59. William Lawrence & Frances M. Turner, Sept. 4, 1848 by Elder Jas. Barry
Sept. 7, 1848

60. William B. Davis & Elizabeth C. Heflin, Sept. 11, 1848 by J. R. James (J.P)
Sept. 19, 1848

61. George C. Mann & Amanda Reaves, Sept. 11, 1848 by D. K. Timberlake, M.G.
Sept. 13, 1848

62. Felix G. Mann & Minerva Oliver Sept. 12, 1848 by D. K. Timberlake M.G.
Sept. 13, 1848

63. William Lee & Nancy Burning, Sept. 13, 1848 by T. P. McMurry Sept. 13
1848

64. Marcus Grasgew & Mary Vaughn, Sept. 14, 1848 by J. C. Sanders, Sept. 14, 1848

65. Josiah L. Yergan & Sarah E. Walker, Sept 21, 1848 by Leroy H. Cage, M.G.
Same day

66. James F. Oldham & Mary Ann Perkins, Sept. 21, 1848 by Daniel Smith (J.P.)
Sept. 21, 1848

Sept. 21, 1848

Page 67. James Thomas & Eveline Miget, Sept. 21, 1848 by John Gold M. G. Same day

9 68. Edwin T. Boles & Salley Beasley, Sept. 25, 1848

69. Philip J. Baker & Judy T. Paris, Sept. 27, 1848 by Wm. B. Whitley (J. P.) Oct. 7, 1848

70. Tilman McCarmack & Mary M. Cornwell, Sept. 27, 1848 by Sampson McClellan, J. P. Sept. 28, 1848

71. Thomas J. Miller & Mary Oldham, Sept. 27, 1848 by T. D. Ballou, (J. P.) Oct. 2, 1848

72. James Pursly & Jane Brandon, Oct. 4, 1848 by M. Lipscomb J. P. Oct. 5, 1848

10 73. Robert M. Barry & Martha Ann Allen, Oct. 4, 1848 by Isaac Jones (J. P.) Oct. 5, 1848

74. William T. Halladey & Eliza Butler, Oct. 5, 1848 by Drury Cornwell (J. P.) Oct. 6, 1848

75. William G. Stephens & Charlotte Crickman, Oct. 6, 1848 by Hezekiah Tave, (J. P.) Oct. 12, 1848

76. John McGinnis & Martha Exum, Oct. 6, 1848 by F. Starnes, J. P. Oct. 11, 1848

77. Pleasant C. Davis & Mary Ann Smith, Oct. 10, 1848 by William Hall, D. D. Oct. 12, 1848

78. William H. George & Susan Oakly, Oct. 10, 1848 by Roland W. Newly, (J. .P) Oct. 12, 1848

79. Jephthah Durham & Martha Hunter, Oct. 13, 1848 by William Shoemake (J. P.) Oct. 22, 1848

80. Hampton Wakefield & Mary Ann Sloan, Oct. 14, 1848 by T. D. Ballou (J. P.) Oct. 19, 1848

11 81. Henry Dickerson & Nancy Mitchell, Oct. 16, 1848 by Wm. B. Whitley, (J. P.) Oct. 27, 1848

82. Henry Jenkins & Lucinda Gregory, Oct. 17, 1848 by T. D. Ballou (J. P.) Oct. 18, 1848

83. Thomas Lancaster & Mary Ann Kelly, Oct. 17, 1848 by T. C. Marchbanks, Oct. 19, 1848

84. Jessee Fuller & Elizabeth Meaders, Oct. 19, 1848 by F. P. Gill, (J. P.) Oct. 19, 1848

85. Alexander Patterson & Nelly Cartwright, Oct. 23, 1848

86. Benjamin Talbert & Cary An Hastan, Oct. 23, 1848 by T. B. Flippin, (J. P.) October 26, 1848

87. Mastin Liles & Alice R. Green, Oct. 25, 1848 by George G. Dillard, J.P.

Oct. 26, 1848.

88. William Dement & Margaret Smith, Oct. 25, 1848 by T. D. Ballou (J. P.) Oct. 26, 1848

89. Edward M. Hicks & Roena E. Mitchell, Oct. 30, 1848 by F. P. Gill, (J. P.) Oct. 31, 1848

90. Nathaniel Cage & Elizabeth McMurry, Oct. 30, 1848 by Wm. C. Bransford, M. G. Oct. 31, 1848

91. Harvey D. Wilson & Matilda Gann, Oct. 30, 1848 by T. B. Flippin, J. P. Nov. 1, 1848

92. George W. Strother & Helen M. Strother, Oct. 31, 1848 by D. K. Timberlake, M. G. Oct. 2, 1848 (Nov.)?

93. John Smith & Mary Davis, Oct. 31, 1848 by F. P. Gill J. P. Same Day.

94. William Driver & Catherine R. Butler, Nov. 1, 1848 by Paul T. H. Walker M. G. Nov. 2, 1848

95. Leonidas D. Casedy & Judy Bostan, Nov. 2, 1848 by T. D. Ballou J. P. Same Day

96. William Kent & Tony Harper, Nov. 3, 1848 by Mosly Lipscomb, J. P. Nov. 4, 1848

97. William L. Parker & Emily Payne, Nov. 4, 1848 by Sampson McClellan, J. P. Nov. 9, 1848

98. Hamilton Davis & Martha J. Craighead, Nov. 8, 1848 by Joseph C, Dickens Esqr. Nov. 9, 1848

99. James M. Arendell & Martha A Heflin, Nov. 11, 1848 by Jas. Trousdale, J. P. Nov. 14, 1848

100. John Manning & Mary Ann Ayrs, Nov. 13, 1848 by J. Dedman, J. P. Nov. 14 1848

101. Brice M Hammock & Martha Ann Marshall, Nov 13, 1848 by Wm. C. Bransford, M. G. Nov. 14, 1848

102. Joseph K. Hardcastle & Elizabeth Oakly, Nov. 16, 1848 by J. Dedman, J. P. Nov. 16, 1848

103. Disny Brown & Amanda Hickman, Nov. 17, 1848 by Thos. W. Wooten, (J. P.) Same Day (Colored)

104. George W. Overstreet & Elizabeth Dillard, Nov. 22, 1848 by Stephen Petty (J. P.) Nov. 26, 1848

105. Alexander Rigsby & Malinda Highers, Nov. 23, 1848 by T. B. Flippin, J. P. Nov. 26, 1848

106. James Cobb & Nancy J. Williams Nov. 23, 1848 by J. Dedman (J.P) Nov. 28, 1848

107. Samuel A. Owen & Frances M. Casper, Nov. 25, 1848 by G. G. Dillard,

Nov. 30, 1848

108. James McCormmack & Charlotte Hendricks, Nov. 26, 1848 by Drury Cornwell (J. P.) Same Day.

109. Lewis Anderson & Martha Morgan, Nov. 28, 1848 by Wm. B. Whitly (J. P.) Nov. 30, 1848

110. Robert A. Lapsly & Alethia Allen, Nov. 28, 1848 by A. H. Kur, V.D. M. or Rur? Same Day

111. Brice M. Taylor & Amelia Miller, Nov. 29, 1848 by E. B. Haynie, M. G. Same Day.

112. William W. Jenkins & Polly Goad, Nov. 29, 1848 by J. R. Sloan (J. P.) Dec. 1, 1848

113. Samuel A. Armstead & Marry E. Mintom, Nov. 29, 1848 by D. K. Timberlake Nov. 30, 1848

114. Samuel Jenkins & Emaline Tony, Nov. 29, 1848.

115. Lorenzo O. Paty & Eliza J. Allen, Nov. 30, 1848 by Isaac Jones, (J. P.) Dec. 13, 1848

116. Alexander R. Fanville & Elizabeth McClarin Dec. 11, 1848 by Revd. John P. Campbell, Dec. 14, 1848

117. Jeremiah Moran & Lucinda Moran, Dec. 13, 1848 by J. R. James (J. P.) Dec. 14, 1848

118. Allen Manners & Nancy Mills Dec. 13, 1848 by Tho. C. Marchbanks (J. P.) Dec. 20, 1848

119. Isaac Belcher & Lucy J. Preston, Sept. 17, 1845 by Isaac Jones (J. P.) Sept. 18, 1845

120. Elijah Warford & Cyntha V. Eaton, Sept, 22, 1845 by Isaac Jones J.P. Sept. 23, 1845

121. Owen L. Williams & Midia H. Harper, Nov. 17, 1847 by Richard Lyon M. G. Nov. 18, 1847

122. John W. Fry & Mary Paty Feb, 17, 1848 by Isaac Jones (J. P.) March 1848

123. Henry Beasley & Catherine Stott, Jan. 19, 1847 by E. B. Haynie, M. G. Jan. 21, 1847

124. John Nickson & Mary Ann Gregory Oct. 17, 1847 by E. B. Haynie, M. G. Oct. 19, 1847

125. Richard G. Belcher & Nancy M. Paty, Dec. 18, 1848 by Isaac Jones (J. P.) Dec. 20, 1848

126. William E. Dillard & Sarah A. Huddleston, Dec. 21, 1848 by Stephen Petty J. P. Dec. 28, 1848

127. Asa C. Washer & Febee C. Sandlin, Dec. 23, 1848 by T. Baskem, J. P. Dec. 25, 1848

128. Archible A. Martin & Turilla T. Cornwell, Dec. 23, 1848 by Sampson

No. —
McClellan, (J. P.) Dec. 27, 1848.

129. John F. Tuckey & Jane M. Smith, Dec. 19, 1848 by Isaac Jones (J.P.) Dec. 21, 1848

130. Fredrick R. Baily & Mary A. R. Mann, Dec. 30, 1848 by D. K. Timberlake, M. G. Dec. 31, 1848

131. George W. Beal & Sarah McGinnis, Jan. 1, 1849 by E. B. Haynie, M. G. Jan. 4, 1849

132. William Oakly & Louisa Gill, Dec. 27, 1848 by F. P. Gill (J.P.) Dec. 28, 1848.

133. Creed H. Panky & Jane Kemp, Jan. 2, 1849 by J. R. Sloan (J.P.) Jan. 2, 1849

134. William V. Herrell & Penny Wilkerson, Jan. 5, 1849 by Wm. B. Whitley, (J.P.) Jan. 6, 1849.

135. Joseph Coker & Matilda Cartwright Jan. 6, 1849 by L. A. Smithwick, M. G. Jan. 9, 1849.

136. Andrew J. Baker & Mahaley M. Moore, Jan 2, 1849 by Wm. B. Whitley, (J.P.) Jan. 3, 1849

137. William L. Sadler & Grady Justice, Jan. 1, 1849.

138. John Carver & Martha J. Cornwell, Jan. 1, 1849 by Sampson McClellan, (J.P.) Jan. 2, 1849.

139. George W. Beal &   (Clerk's Error)

140. Benjamin F. Ballinger & Nancy D. Wilson, Jan. 8, 1849 by J. R. Smith, (J. P.) M. M. E. C. S., Jan. 18, 1849

141. Patrick H. Stone & Martha A. Taylor, Jan. 9, 1849 by J. A. Walkup, M. G. Jan. 11, 1849.

142. Charles W. McMurry & Mary Hinton, Jan. 9, 1849 by Leroy H. Cage, (M.G.) Jan. 11, 1849

143. Wily Kemp & Elizabeth Gregory, Jan. 10, 1849 by T. D. Ballou, (J.P.) Jan. 11, 1849

144. Joseph Kent & Elizabeth Fuller, Jan. 11, 1849 by F. P. Gill,(J P.) Same day.

145. William Anderson & Amelia J. Perkins, Jan. 11, 1849 by James Haynie, (J. P.) Same day.

146. John Fivash & Martha A. Langford, Jan. 11, 1849 by R. Lyons, Jan. 11, 1849.

147. Soloman Reed & Elizabeth Fivash, Jan. 11, 1849 by R. Lions, Jan. 11, 1849.

148. Logan Heflin & Julia J. White, Jan. 11, 1849 by F. P. Gill (J.P.) Jan. 11, 1849

149. James Smith & Sarah Pettross, Jan. 11, 1849 by Stephen Petty, J. P. Same Day.

150. Laten F. Williams & Eliza A. Robinson, Jan. 15, 1849 by Sampson McClellan (J. P.) Jan. 18, 1849

151. Alexander Pasy & Nancy Norris, Jan. 16, 1849 by A. H. Reaves, M. G. Jan. 25, 1849.

152. James E. Glover & L. A. Rawly, Jan. 16, 1849 by Joseph C. Dickens, (J. P.) Jan. 17, 1849.

153. Duncan N. Estes & Unity Porter, Jan. 18, 1849 by William Vantrease, Jan. 24, 1849.

154. Stephen C. Gregory & Sina Gregory, Jan. 22, 1849 by T. D. Ballou, (J.P.) Jan. 25, 1849.

155. Alexander W. Nunly & Lucy Ann Maxy, Jan. 23, 1849 by E. B. Haynie, M. G. Jan. 25, 1849.

156. Reason S. Rowland & Sarah A. Garrison, Jan. 24, 1849 by J. Jones, (J.P.) Jan. 31, 1849.

157. Lincen Shoulders & Polly Gregory, Jan. 24, 1849 by T. D. Ballou (J. P.) Same day.

157a. Quinteous C. Sanders & Elizabeth J. Hughes, Jan. 24, 1849 by Joseph C. Dickens(J. P.) Same day.

158. Lewis A. Petty & Nancy A. Russell, Jan 26, 1849 by Allen Mathews, M. G. Feb. 4, 1849.

159. William Canady & Elizabeth Donoho, Jan. 27, 1849 by Willis Dean, (J.P.) Feb. 1, 1849.

160. John F. Parker & Matilda Payne, Feb. 6, 1849 by E. B. Haynie, M. G. Feb. 10, 1849.

161. Andrew Aldridge & Jane Pharris, Feb. 7, 1849 by Stephen Petty, (J. P.) Same day.

161a. Samuel Dyer & Elizabeth Kent, Beb. 10, 1849 by Joseph C. Dickens (J. P.) Feb. 11, 1849

162. Major A. Sykes & Elizabeth Crook, Feb. 12, 1849 by Jessee B. Andrews, Feb. 14, 1849.

163. Patrick M. Cleaveland & Susan A. Burris, Feb. 17, 1849 by Rev. Russell Eskew, Feb. 18, 1849

164. William Brown & Eveline Hickman, Feb. 20, 1849 by Thos. W. Woottan, (J. P.) Same day.

165. Wily S. Clark & Elizabeth Perris, Feb. 20, 1849 by Wm. B. Whitley (J.P.) Feb. 22, 1849.

166. Wilson Manning & Elenor Sarsy (?) Feb. 21, 1849 by F. P. Gill (J.P) Same Day.

No.

167. John G. Owens & Margaret E. Thirly, Feb. 21, 1849 by G. G. Dillard, (J. P.) Fbe. 22, 1849

168. Pleasant Douglass & Nancy Hawkins, Feb. 26, 1849 by Jas. W. Grissim, J. P. Feb. 27, 1849.

169. Henderson P. Williams & Julian West, Feb. 26, 1849 by Sampson McClellan (J. P.) March 1, 1849.

170. John Armstead & Sarah J. Lambert, Feb. 27, 1849 by D. K. Timberlake, M. G. Feb. 28, 1849.

171. Elias Reece & Jane Thomas, Feb. 28, 1849 by Daniel Huddleston (J. P.) Same day.

172. James W. Johnson & Nancy G. Bradford, Mar. 5, 1849 by N. Ward (J. P.) March 20, 1849.

173. John A. Greer & Parthenia Greer, Mar. 5, 1849 by F. P. Gill, (J. P.) Same day.

174. Guarman Hellums & Isabell M. Presly, Mar. 6, 1849 by Stephen Petty, (J. P.) Apr. 11, 1849.

175. John Pugh & Nancy Nunn, Mar. 7, 1849 by J. W. Paty (J. P.) Same day.

176. Thomas P. Kinney & Malinda Owens, Mar. 8, 1849 by James Rowland, M. G. Same day.

177. William M. Aldridge & Susan J. Brumly, Mar. 10, 1849 by Stephen Petty, J. P. Mar. 15, 1849.

178. Luther B. Gass & Lucinda Abney, Mar. 14, 1849 by Wm. B. Whitley, (J.P.) Same day.

179. George W. Wade & Elizabeth Steward, Mar. 15, 1849 by J. R. James (J. P.) Same day.

180. Mathew A. L. Gordan & Lucy L. Ward, Mar. 20, 1849 by J. R. James,(J. P.) Mar. 22, 1849.

181. Isaac Willoby & Lucy Wolsworth, Mar. 24, 1849 by J.J. James, M. G. Mar. 28, 1849.

182. Garry W. Lynch & Parthenia Boze, Mar. 24, 1849 by J. C. Sanders (J. P.) Same day.

183. Wilson Henry & Mary J. Owens, Mar. 24, 1849.

184. William H. Davis & Louisa Prestan, Mar. 24, 1849 by J. James (J. P.) Mar. 28, 1849

185. William C. Porter & Patiana Ann Wiseman, Mar. 27, 1849 by William Kearley (J. P.) Mar. 28, 1849.

186. Thomas H. Essicks & Edney J. Harris, Mar. 28, 1849.

187. Thomas W. Cheek & Martha E. Garrison, Mar. 29, 1849 by Jessee B. Andrews (J. P.) April 1, 1849.

188. John R. Moors & Lucy J. Carpenter, Mar. 29, 1849 by J. R. Smith, M. G. C. B. S. April 3, 1849.

189. Dawson N. Reasonover & Mary Ann Armanett, Mar. 29, 1849 by J. Dedman, J. P. May 2, 1849.

190. John Mason & Eliza Smith, Mar. 31, 1849.

191. William A. Nunley & Adeline C. Anderson, Apr. 2, 1849 by E. B. Haynie, M. G. April 5, 1849.

192. William S. Durham & Elizabeth Nichols, Apr. 18, 1849 by Jas. Trousdale, April 18, 1849.

193. Benjamin Redman & Eliza Hale, April 23, 1849 by Jas. W. Grissin, J. P. April 26, 1849.

194. Samuel H. Battan & Sarah F. Lamberson, Apr. 23, 1849 by Tho. C. Marchbanks, (J. P.) April 26, 1849.

195. Pleasant A. Thomas & Mary H. D. Sullivan, Apr. 24, 1849 by J. A. Walkup, M. G. April 26, 1849.

196. John Litchford & Mary Hasten, Apr. 28, 1849 by Jas. W. Grissim, J. P. Same day.

197. Miles F. C. Boiles & Parthenia Rose, Apr. 30, 1849, by J. A. Walkup, M. G. May 2, 1849.

198. Alexander James & Mary Frahock, Apr. 30, 1849. Mr. William V. R. Heallun, Sir the within Lady named, failed to comply with her promise and I demanded her to comply and she failed, I therefore return these License as nul and void at the time set for joining together, I therefore request you to mark the proceedings all off of your record concerning this matter.
                                                        Alexander James.

199. Thomas D. Grissim & Eliza Beasley, May 12, 1849 by Jas. W. Grissim, J. P. May 13, 1849.

200. Thomas Bray & Nancy Barrett, May 12, 1849 by E. B. Haynie, May 12, 1849.

201. Levi C. Helmantaller & Elizabeth Ann Hicks, May 12, 1849 by J. H. Baird, J. P. May 17, 1849.

202. John Dowday & Elenor E. Rowntree, May 14, 1849 by A. H. Reames, M. G. May 16, 1849.

203. Mathew Mathews & Darthulia C. Hunter, May 16, 1849 by James Haynie, J. P. May 17, 1849

204. Archibald M. Robinson & Mary J. Smith, May 21, 1849 by J. Dedman, J. P. May 23, 1849.

205. Wiley Thomas & Jinsey Searcey, May 23, 1849 by Sampson McClellan, (J. P.) May 24, 1849.

206. Alexander James & Elizabeth Wilson, May 23, 1849 by Joel J. James, M. G. May 24, 1849.

No.

207. Jeremiah H. Allen & Mary C. Rankin, May 30, 1849 by John F. Hughes, M. G. May 31, 1849.

208. Joseph H. Nixon & Sarah F. Miller, June 4, 1849 by E. B. Haynie, June 4, 1849.

209. James H. Reynolds & Elizabeth Anderson, June 5, 1849 by William Shoemake, J. P. June 7, 1849.

210. Vincent T. McMurry & Sarah J. McMurry June 11, 1849 by Leroy H. Cage, M. G. June 13, 1849.

211. Samuel P. Williams & Narsissa Barbee, June 12, 1849.

212. Alexander Patterson & Melvina F. Walker, June 13, 1849 by Leroy H. Cage, J. P. June 14, 1849.

213. John Neal & Susan Baker, June 19, 1849 by C. S. Sampson, J. P. Same day.

214. James W. Taylor & Celia E. Nixon, June 27, 1849.

215. George Clemmons & Mary Ann Askew, June 27, 1849 by J. R. James, (J. P.) Same day.

216. Joseph A. Pendarvis & Louisa A. Dickens, June 27, 1849 by James Haynie, J. P. June 28, 1849.

217. Reubin Simpson & Margaret Allen, July 2, 1849 by G. G. Dillard, (J.P.) July 4, 1849.

218. Temple S. Birdwell & Amanda F. Thaxton, July 2, 1849 by D. K. Timberlake, M. G. July 5, 1849.

219. Richard Chambers & Sarah Scroggins, July 3, 1849 by L. H. Cage, M. G. July 4, 1849.

220. Riley H. Fisher & Nancy Gregstan, July 17, 1849 by J. Dedman, (J. P.) July 22, 1849.

221. William C. Johnson & Mary J. Brevard, July 23, 1849 by B. F. Ferrell, M. G. July 26, 1849.

222. Sterling B. Pyron & Pimbrook J. Bundy, July 23, 1849.

223. George W. Ingrum & Elizabeth Dillard, July 26, 1849 by H. L. Trawick, M. G. Same day.

224. James Agee & Martha Malone, July 27, 1849 by J. Jones, J. P. July 29, 1849.

225. William W. Angell & Milly Smith, July 28, 1849 by James Haynie, (J. P.) July 29, 1849.

226. Sidney Brooks & Nancy Dohoho, July 30, 1849 by F. Wainwright, M. G. Aug. 1849.

227. Micajah Kittle & Abbergile Russell, July 30, 1849 by L. D. Ballou, (J. P.) Aug. 1, 1849.

Page No.

228. Wm. M. Page & Arminda D. McDonald, July 31, 1849 by D. K. Timberlake, M. G. Same Day.

229. Sampson Anderson & Amandey Clark, Aug. 8, 1849 by B. I. Vaden, J. P. Aug. 9, 1849.

230. Daniel D. Claiburn & Elizabeth R. Hogg, Aug. 14, 1849 by John F. Hughes, M. G. Same Day.

30   231. Smith Vaughn & Nelly Harrison, Aug. 18, 1849 by Stephen Petty (J. P.) Same Day.

232. James Williams & Elizabeth Winfrey, Aug. 18, 1849 by J. A. Walker, M.G. Aug. 19, 1849.

233. Josiah H. Kindred & Susan F. Blackwell, Aug 20, 1849 by William Kearley (J. P.) Aug. 23, 1849.

234. James Fuquay & Delila Presly Aug. 25, 1849 by Jas. W. Grissim, (J.P.) Same Day.

235. Jessee Haile & Neta Coggins, Aug. 25, 1849 by Thos. C. Marchbanks, (J. P.) Aug. 30, 1849.

236. John D. Woodson & Martha J. Elston, Aug. 28, 1849 by J. W. Patey, (J.P.) Aug. 30, 1849.

237. Sylvester White & Elizabeth J. Lane, Aug. 28, 1849 by H. L. Trawick, M. G. Aug. 30, 1849.

238. Jas. W. Washburn & Sarah Smith, Aug. 30, 1849 by Samuel H Bundy, M. G. Same Day.

31   239. William E. Corley & Martha J. Sadler, Sept. 5, 1849 by F. C. Sanders, J. P)   Same day.

240. James T. Reece & Elizabeth Thomas, Sept. 6, 1849 by Drury Cornwell,(J. P.) Same day.

241. James A. Thomas & Martha F. Fulks, Sept. 7, 1849 by N. Ward.(J. P.) Sept. 11, 1849.

242. Miltan Roberts & Mary J. Gillehan, Sept, 8, 1849. by B. I. Vaden (J. P.) Sept 9, 1849.

243.

244. James Haile & Polly Meritt, Sept 8, 1849 by Fredrick Starnes, J. P. Sept. 13, 1849.

245. Ridley R. West & Sarah Cornwell, Sept. 17, 1849 by Sampson McClellan, (J. P.) Sept 20, 1849.

246. George W. Pendletan & Nancy J. Moore, Sept. 18, 1849 by J. W. Paty (J. P.) Sept 19, 1849.

247. Larkin Cornwell & Ann E. Cardwell, Sept. 19, 1849 by Sampson McClellan, J. P. Sept. 25, 1849.

No.

248. L. G. Haley & L. P. Taylor, Sept. 20, 1849 by Jas. W. Grissim J. P. Oct. 10, 1849.

249. Jourdan A. Smith & Susa A. E. Smith, Sept 26, 1849 by James Haynie, J.P Same day.

250. Howard Slate & Parthenia Austin, Sept. 26, 1849 by L. A. Smithwicke, M. G. Oct. 5, 1849.

251. Mumford Stewart & Elizabeth Stewart, Sept. 26, 1849 by H. L. Trawick, M. G. Sept. 27, 1849.

252. James M. Peris & Martha F. Moore, Sept. 29, 1849 by Joel J. James, M. G. Oct.3, 1849.

253. Bethel W. James & Martha A. Peris Oct. 1, 1849 by Paul L. H. Walker, M. G. Oct. 3, 1849.

254. Thomas Hintan & Nancy Lavense, Oct. 1, 1849 by W. C. Bransford, M. G. Oct. 2, 1849.

255. Dansan B. Harris & Eveline Denny, Oct. 2, 1849 by J. W. Patey (J. P.) Oct. 9, 1849.

256. Robertson Johnson & Talutha Foley, Oct. 3, 1849.

257. Romulas C. Wright & Bettie H. Burford, Oct. 8, 1849 by Leroy H. Cage, M. G. Oct. 11, 1849.

258. Allen Watsan & Margaret Bates, Oct. 9, 1849 by Thomas Driver, (J. P.) Same day.

259. William B. Freeman & Frances McKinney, Oct. 10, 1849 by B. W. Vaden, (J. P.) Oct. 11, 1849.

260. Nathaniel Corley & Elizabeth Vick, Oct. 10. 1849 by J. Dedman, J. P. Oct. 11, 1849.

261. James H. Smith & Sarah S. Smith, Oct. 12, 1849 by James Haynie, J. P. Oct. 17, 1849.

262. Joel T. Shepherd & Mary Mason, Oct. 19, 1849 by F. P. Gill (J. P.) Oct. 20, 1849.

263. James Pitman & Martha Dedman, Oct. 25, 1849 by B. F. Butler, M. G. Oct. 25, 1849.

264.. John Gillehan & Elizabeth Clubb, Oct. 25, 1849 by William Goodwin, M. G, Oct. 25, 1849.

265. Michael S. Stewart & Elizabeth F. Mintsm, Oct. 29, 1849 by J. C. Sanders, J. P. Oct. 29, 1849.

266. James M. C. Warford & Margaret M. Hill, Oct. 30, 1849 by J. Dedman, J. P. Oct 31, 1849.

267. Richard Parker & Martha Suit, Oct. 30, 1849 by Jas. W. Grissim, J. P. Oct. 30, 1849.

Page	No.
	268. Henry Carpenter & Sophia E. Williams, Oct. 31, 1849.
	269. Robert Reed & Sarah Moore, Nov. 5, 1849 by Thomas Driver (J. P.) Nov. 5 1849.
	270. Thomas J. McClanahan & Permelia A. McMurry Nov. 5, 1849 by Leroy H. Cage, Nov. 8, 1849.
	271. John G. Carey & Susan Hall, Nov. 6, 1849.
35	272. Henry W. Hart & Eugenia L. Young, Nov. 6, 1849 by W. Burr, M. G. Same day
	273. Fountain P. McMurry & Elizabeth J. Sloan, Nov. 7, 1849 by Leroy H. Cage, Nov. 8, 1849.
	274. William G. H. Minton & Elizabeth Y. Harper, Nov. 7, 1849 by J. C. Sanders, J. P. Same day.
	275. Rufus P. Gass & Sarah H. Duncan, Nov. 12, 1849 by J. C. Sanders, (J. P.) Nov. 15, 1849.
	276. William W. Harsly & Mildred P. Debaw, Nov. 14, 1849 by Wm. C. Bransford, M. G. Nov. 15, 1849.
	277. Spencer S. Thompson & Hannah S. Brevard, Nov. 14, 1849 by Wm. C. Bransford, M. G. Nov. 21, 1849.
	278. John H. Nollner & Eliza H. Mansan, Nov. 14, 1849 by Joseph C. Dickens, (J. P.) Same day.
	279. William R. Hastan or Hortan & Marry J. Hale, Mar. 11, 1849 by H. Love (J.P.) Same day.
36	280. Stephen Barrett & Mary A. Bates, Dec. 26, 1846 by Wm. B. Whitley, (J. P.) Jan. 2, 1847.
	281. Wm. Duvall & Martha Reasonover, Oct. 19, 1847 by Wm. B. Whitly, (J.P) Nov. 2, 1847.
	282. James Claridy & Ann Clark, Nov. 1, 1847 by Wm. B. Whitley (J. P.) Nov. 5, 1847.
	283. Martha Dice & Elizabeth Claridey, Jan. 3, 1848., by Jefferson James, (J. P.) Jan. 5, 1848.
	284. Meredith Ballinger & Dorcus Malissa Squires, Jan. 24, 1848 by Wm. B. Whitley (J. P.) Jan. 27, 1848.
	285. Thomas W. Overstreet & Martha Ann Vaden, Nov. 9, 1848 by Wm. B. Whitley (J. P.) Feb. 16, 1848 (1849) ?
	286. William F. Hughes & Sarah J. Chambers, Feb. 12, 1848 by Jonathan Wiseman, M. G. Feb. 15, 1848.
	287. Charles S. Long & Sarah A Herrod, Oct. 15, 1845 by L. D. Ballou (J. P) Oct. 16, 1845.
37	288. Calvin Arrington & Nancy Owens, Nov. 21, 1849 by Jas. W. Grissim, (J. P.)

No.
Same day.

289. George Martin & Mary Shoemake, Nov. 26, 1849 by D. K. Timberlake, M. G. Nov. 30, 1849.

290. Lot Hazzard & Charlotte Jones Nov. 26, 1849 by Lewis Dies, M. G. Dec. 6, 1849.

291. Alexander Bell & Judy Kirby, Nov, 26, 1849 by D. Cornwell, (J. P.) Nov. 27, 1849.

292. Warren Walker & Mary W. Reeves, Nov. 26, 1849 by J. C. Saunders, Esqr., Dec. 10, 1849.

293. Thomas Smith & Sarah Beasley, Nov. 26, 1849 by Daniel Smith, M. G.

294. Josiah S. Richardson & Martha Wood, Nov. 27, 1849.

295. Thomas Boulton & Rutha Uhles, Nov. 29, 1849 by John H. Mann, M. G., Same Day.

296. Daniel Rowly & Eveline Teney, Dec. 1, 1849 by T. P. McMurry, J. P. Dec. 2, 1849.

297. Francis M. Hefners & Ellender Hunt, Dec. 4, 1849 by Stephen Petty, (J. P.) Dec. 5, 1849.

298. Wesly Searcey & Barbaree Hunt, Dec. 4, 1849 by Drury Cornwell, (J. P.) Dec. 5, 1849.

299. Nichalas J. Ashley & Druchy P. Sanderson, Dec. 8, 1849 by Joel J. James, M. G. Dec. 17, 1849.

300. Campbell Crutchfield & Mary C. Jones, Dec. 11, 1849 by J. C. Sanders, J. P. Dec. 11, 1849.

301. Amri Malam & Josephine Burford, Dec. 11, 1849 by Wm. C. Bransford, M. G. Dec. 19, 1849.

302. Samuel H. Harris & Amanda Walker, Dec. 13, 1849.

303. John P. Huddleston, & Elizabeth D. Glover, Dec. 15, 1849. by L. A. Smith wicke, M. G. Dec. 18, 1849.

304. Hardy M. Hesson & Martha J. Newly, Dec. 18, 1849 by A. H. Reaves, M. G. Dec. 20, 1849.

305. Thomas R. Stalcup & Jane Blackwell, Dec. 18, 1849 by W. C. Bransford, M. G. Dec. 19, 1849.

306. Albert Arrington & Martha Owens, Dec. 20, 1849 by James Rowland, M. G., Same Day.

307. George R. Hughes & Martha R. Sadler, Dec. 24, 1849 by John W. Bowen, Dec. 25, 1849.

308. Lemuel Skelton & Sarah Duvall, Dec. 26, 1849 by C. S. Samson, J. P. Same Day.

Page	No.	
	309.	A. J. Mintan & Lucretia House, Dec. 26, 1849 by J. R. Smith, (J. P) Same day.
	310.	Amman Hanse & Ann Denny, Dec. 27, 1849 by F. P. Gill, (J. P.) Same day.
	311.	John Chaffin & Elizabeth Gregory, Dec. 27, 1849 by L. D. Ballou, (J.P.) Same day.
40	312.	Edmund S. Bradley & Sarah W. McMurry, Dec. 29, 1849 by Leroy H. Cage, M. G.; Jan. 2, 1850.
	313.	Hannibald McDonald & Martha League, Jan. 2, 1850 by H. Love, Esqr. Jan. 3, 1850.
	314.	Samuel Lancaster & Julia A. M. Rowland, Jan. 7, 1850 by J. H. Baird, (J. P.) Jan. 12, 1850.
	315.	John Morris & Nancy W. Steward, Jan. 7, 1850 by J. B. Sanders, J. P. Same day.
	316.	William Mosly & Alethia Pace, Jan. 8, 1850 by Wm. B. Whitley, (J. P.) Same day.
	317.	John Smith & Emily C. Farley, Jan. 9, 1850 by C. S. Sampson, (J. P.) Same day.
	318.	Major J. Gregory & Elizabeth Gregory, Jan. 10, 1850 by L. D. Ballou, (J. P.) Same day.
	319.	Silas M. Lemmon & Melvinia McDonald, Jan. 10, 1850 by D. K. Timberlake, M. G., Same day.
41	320.	Edward N. Trail & Mary F. Barry, Jan. 11, 1850 by Isaac Jones, (J. P.) Jan. 16, 1850.
	321.	Jonathan Kemp & Lucy Payne, Jan. 12, 1850 by L. A. Smithwick, M. G.; Jan. 15, 1850
	322.	Robert Wilson & Martha Allison, Jan. 14, 1850 by F. P. Gill (J. P.) Same day.
	323.	George W. Lynch & Mary Boze, Jan. 14, 1850 by James Trousdale, (J.P.) Jan. 16, 1850.
	324.	Thadious F. Green & Eliza L. Armstead, Jan. 15, 1850 by D. K. Timberlake, M. G., Jan. 16, 1850.
	325.	Logan Kemp & Eveline L. Haynie, Jan. 16, 1850 by James Haynie, J. P., Same day.
	326.	William Chaffin & Emily Gregory, Jan. 17, 1850 by J. R. Sloan, (J.P) Jan. 17, 1850.
	327.	William L. Moss & Elizabeth Adcock, Jan. 19, 1850 by James Haynie, J. P. Jan. 20, 1850.
42.	328.	John W. Helmantaller & Emeline Manners, Jan. 19, 1850.
	329.	Charles Haynes & Margaret Helmantaller, Jan. 19, 1850 by John Simpson,

No.
J. P. Jan. 24, 1850.

330. David T. Winfrey & Lydia A. Rowland, Jan. 22, 1850 by J. W. Patey (J. P.) Feb. 10, 1850.

331. Jessee Beasley & Matilda Smith, Jan. 23, 1850 by James Haynie, J. P., Same day.

332. William A. Smith & Luticia Cleaveland, Jan. 24, 1850 by Daniel Smith, Jan. 27, 1850.

333. James Gillaspie & Emily Boze, Jan. 27, 1850 by J. C. Sanders, J. P., Jan. 27, 1850.

334. William J. Wilson & Lititia, Feb. 5, 1850 by A. H. Reames, M. G., Feb. 6, 1850.

335. John D. Mahan & Eliza E Guthrie, Feb. 5, 1850 by R. Lyon, Feb. 7, 1850.

336. Eli Massey & Jincy F. Kirley, Feb. 6, 1850 by D. K. Timberlake, M. G., Feb. 7, 1850.

337. Jefferson E. Barum & Martha E. Stewart, Feb. 6, 1850 by J. C. Sanders, J. P. Feb. 6, 1850.

338. James W. McClanahan & Frances Barrett, Feb. 6, 1850 by Lewis Dice, M. G. Feb. 7, 1850.

339. Joseph Wade & Sarah J. Trawick, Feb. 6, 1850 by James Trousdale, Feb. 6, 1850.

340. Lewis J. Cheek & Sarah C. Hall, Feb. 6, 1850 by Joel J. James, M. G., Feb. 8, 1850.

341. Thomas Nixon & Narcissa Fisher, Feb. 6, 1850 by Thomas Driver, (J. P.) Feb. 24, 1850.

342. William Hoover & Elizabeth Allison, Feb. 7, 1850 by J. W. Paty, (J. P.) Feb. 7, 1850.

343. Ezekiel Parkhurst & Martha Kittle, Feb. 8, 1850 by L. D. Ballou, (J. P.) Feb. 11, 1850.

344. Samuel Paschal & Elizabeth Tuggle, Feb. 12, 1850 by F. P. Gill, J. P., March 5, 1850.

345. William E. Rasca & Rebecca J. Strother, Feb. 12, 1850 by A. G. Goodlet, M. G. Feb. 12, 1850.

346. George Wilbourn & Jane Nichols, Feb. 12, 1850 by L. P. McMurry, J. P., Feb. 14, 1850.

347. William G. Spring & Mary J. Pugh, Feb. 15, 1850 by J. W. Paty, (J. P.) Feb. 18, 1850.

348. William Nolen & Mary J. Mape, Feb. 15, 1850 by C. S. Samson, J. P., Feb. 16, 1850.

349. William Chapman & Alethia Robinson, Feb. 17, 1850 by Thomas Driver, J. P. Feb. 17, 1850.

Page	No.
	350. John T. Tyree & Mary J. Hankins, Feb. 19, 1850 by F. P. Gill, J. P., Feb. 19, 1850.
	351. Mathew Smith & Nancy Ray, Feb. 20, 1850 by James Trousdale, Feb. 21, 1850.
	352. John O. Cage & Eliza Stafford, Feb. 22, 1850.
	353. Archibble F. Wilkerson & Nancy M. Duffy, Feb. 26, 1850 by L. D. Ballou, J. P. Feb. 28, 1850.
	354. Pinkney A. Nichols & Margaret B. Day, Feb. 27, 1850 by T. P. McMurry, J. P., Feb. 28, 1850
	355. Richard Bray & Fally Heflin, Feb. 28, 1850 by F. P. Gill, J. P., March 3, 1850.
	356. Adam L. McCowan & Elizabeth J. Bates, Feb. 28, 1850 by C. S. Samson, J. P. Feb. 28, 1850.
	357. Samuel P. Williams & Mary Gann, Mar. 3, 1850 by T. B. Flippin, (J. P.) March 6, 1850.
	358. William W. Averett & Ruth B. Jones, Mar. 4, 1850 by O. S. Ewing, (J. P.) March 8, 1850.
	359. James T. McClellan & Amanda Donoho, Mar. 7, 1850 by Daniel Huddleston, (J. P Mar. 7, 1850.
46	360. John A. Paschal & Martha W. Coly, Mar. 7, 1850 by J. R. James, (J. P.) Mar. 12, 1850.
	361. Iree Pernell & Easther H. Roe, Mar. 7, 1850 by Leroy H. Cage, M. G., Mar. 9, 1850.
	362. George Branum & Abbey J. Halcum, Mar. 12, 1850 by Willia Daan, (J. P.) Mar. 14, 1850.
	363. R. C. McDuffy & Harriett Filay, Dec. 4, 1845.
	364. William Knight & Matilda Glover, Nov. 3, 1845 by Daniel Smith, (J. P.) Dec. 1, 1845.
	365. Thomas Ballinger & Melvina B. Waggoner, Mar. 13, 1850 by J. C. Sanders, J. P Mar. 13, 1850.
	366. John Coggins & Louisa Jaco, Mar. 20, 1850 by Thomas Driver (J. P.) same day.
	367. Samuel Black & Frances Kirly, Mar. 21, 1850 by William Kearly, (J. P.) Mar. 24, 1850.
47	368. Latny M. Knight & Frances C. Draper, Mar. 23, 1850 by Sampson McClellan, (J. P.) Mar. 26, 1850.
	369. Thomas D. Denton & Mary A. Carpenter, Mar. 27, 1850.
	370. Luther Russell & Minerva Gregory, April 3, 1850 by L. D. Ballou, (J. P.) April 9, 1850.
	371. Thomas Parkhurst & Martha A. Haloby, Aprl 3, 1850 by Leroy H. Cage, M. G

No.

Apr. 5. 1850.

372. Baily Green & Permelia F. Huddleston, Apr. 5, 1850 by L. A. Smithwick, M. G. April 21, 1850.

373. Joseph A. Hooks & Mary J. Lankford, Apr. 1o, 1850 by Soloman Dice, J. P., Apr. 11, 1850.

374. James W. Cornett & Anne Roberts, Apr. 12, 1850 by B. J. Vaden, (J. P.)? Apr. 13, 1850.

375. Roger D. Flippin & Tennessee High, Apr. 15, 1850.

376. George Smalding & Louisa Kemp, Apr. 17, 1850 by Daniel Smith, (J. P.) Same day.

377. John Clariday & Elizabeth Jones, Apr. 18, 1850 by Soloman Dice, J. P., Apr. 19, 1850.

378. Calven J. Crook & Elizabeth Carter, Apr. 20, 1850 by N. Ward, J. P., Apr. 21, 1850.

379. William Vanderpool & Nancy Farmer, May 7, 1850 by James Trousdale, J. P., May 8, 1850.

380. A. G. Lindsly & Lavan McEachern, May 7, 1850 by F. P. Gill, J. P. May 8, 1850.

381. Michael Decker & Delila J. Dunn, May 9, 1850 by Wm. B. Campbell, Judge of 4 Circuit, Same day.

382. Matisan S. McClanahan & Jane Woodmore, Mar. 16, 1850 by William Kearly, (J. P). May 27, 1850.

383. James Harris & Nancy Dillard, May 18, 1850 by Wm. Goodwim, M. G., May 19, 1850.

384. Leonard Jones & Elizabeth A. Younger, May 21, 1850 by Willis Dean (J. P.) May 23, 1850.

385. James T. Butler & Mary J. Beazley, May 25, 1850 by D. K. Timberlake, M. G. May 30, 1850.

386. Ebineezer(Stone?)& Julia Derrickson, May 29, 1850 by M. A. Marlaw, M. G., May 30, 1850.

387. Lafayette Anderson & Arminella Craighead, June 1, 1850 by Joseph C. Dickens (J. P.) June 5, 1850.

388. Isham Beasley & Martha J. Dillehay, June 1, 1850 by James Hayhie, J. P., June 26, 1850.

389. George W. Whitten & Mary M. Traweek, June 1, 1850, by Stephen Petty, J. P. June 5, 1850.

390. Jeremiah Boze & Sarah Vanderpool, June 3, 1850 by James Trousdale, J. P., June 5, 1850.

391. Umphris Burton & Eliza F. Slate, June 5, 1850 by L. A. Smithwick, M. G.,

June 6, 1850.

392. William Alman & Frances McDonald, June 15, 1850   June 16, 1850.

393. George W. James & Lucinda Piper, June 18, 1850. The within named Miss Lucinda Piper having declined marrying the said Geo. W. James for reasons best known to himself. I return this License as Null and Void July 3, 1850.
John McClarin, Security.

394. Thomas W. Wilkerson & Ara Ann Bradford, June 25, 1850 by F. P. Gill, J. P. June 26, 1850.

395. Elijah Carter & Minerva A. Taylor, June 27, 1850 by J. C. Sanders J. P., June 27, 1850.

396. William F. Terry & Harriett C. Turner, July 1, 1850 by Paul L. H. Walker, M. G. July 18, 1850.

397. James C. Sanders & Melvina Tuitlo, July 4, 1850 by D. K. Timberlake, M. G. July 4, 1850.

398. Robert G. Wright & Mary Mays, July 8, 1850 by L. D. Ballou J. P., July 14, 1850.

399. James B. McMurtry & Elizabeth M. Bennett, July 10, 1850 by R. F. Fergerson, July 10, 1850.

400. James R. Hibbitts & Ruth B. McAlister, July 16, 1850.

401. Hiram Mannin & Sarah F. E. Greer, July 19, 1850 by Lewis Dies, M. G., July 20, 1850.

402. Benjamin F. Ballinger & Caroline A Beasley, July 22, 1850 by Leroy H. Cage, M. G., Aug. 21, 1850.

403. William F. Duvall & Frances M. Harville, July 29, 1850.

404. Jushua P. Kent & Elizabeth Lyon, Aug. 5, 1850 by William Shoemake, J. P., Aug. 7, 1850.

405. John Bray & Candis Denny, Aug. 5, 1850 by James Barrett, M. G. Aug. 6, 1850.

406. Martin Waggoner & Lidia V. Tyree, Aug. 6, 1850 by J. C. Sanders, J. P., Aug. 6, 1850.

407. Nathaniel W. Parrott & Martha Butts, Aug. 9, 1850 by Wm. B. Whitly, (J. P.) Aug. 13, 1850.

408. John T. Petty & Lucinda Piper, Aug 22, 1850 by James Trousdale, J. P., Same day.

409. Obidiah H. Smith & Sarah Patterson, Aug. 22, 1850 by James Haynie, J. P., Same day.

410. Edward F. Douglass & Catherine D. Allen, Aug. 26, 1850 by Wm. H. Browning, M. G. Aug. 29, 1850.

411. Jessee Allen & Parthenia Chandler, Sept. 2, 1850 by A. H. Reams, M. G. Sept.

No. 3, 1850.

412. Thomas J. Stroud & Synthia A. Davis, Sept. 4, 1850 by D. K. Hooker, September 5, 1850.

413. Heran M. Craig & Nancy B. Mason, Sept, 12, 1850, by Leroy H. Cage, M. G., Sept. 12, 1850.

414. William Henry Tyree & Elmyree Taylor, Sept. 14, 1850 by James C. Sanders, J. P. Sept. 15, 1850.

415. Epps Foster & Masy H. Wanderson, Sept. 16, 1850 by Thos, C. Marchbanks, J. P. Sept. 18, 1850.

416. Willis Woodmore & Sarah Gammon, Sept. 17, 1850.

417. Bartlet A. Jones & Elizabeth A. Dowell, Sept. 19, 1850.

418. Elijah W. Butts & Minerva J. Helmantaller, Sept. 24, 1850 by J. C. Sanders, J. P. Sept. 25, 1850.

419. Samuel Brown & Susan Shoemake, Sept. 25, 1850 by William Shoemake,(J. P.) Sept. 26, 1850.

420. James S. Thompson & Emily H. Boulton, Sept. 25, 1850 by J. C. Sanders, J. P. Sept, 26, 1850.

421. George T. Day & Frances Burton, Sept. 25, 1850 by Wm. N. Suit, M. G., Sept. 26, 1850.

422. Stephen D. C. Davis & Elizabeth L. Payne, Sept. 28, 1850 by D. K. Timberlake, M. G., Sept. 29, 1850.

423. Henry Woods & Nancy Reed, Oct. 7, 1850 by J. P. Carter, J. P., Oct. 9, 1850.

424. Joel B. Fulks & Nancy G. Sampson, Oct. 10, 1850 by J. C. Sanders, J. P., Oct. 10, 1850.

425. James B. McCarmack & Caroline Cooksey, Oct. 12, 1850 by J. Dedman, J. P., Oct. 13, 1850.

426. Thomas Ditty & Mary Royster, Oct. 15, 1850 by J. C. Sanders, J. P. Oct. 17, 1850.

427. Charles F. Haynie & Emily Philips, Oct. 16, 1850 by James Haynie J. P., Same day.

428. James W. Stewart & Amy Dillard, Oct. 18, 1850 by Wm. Goodwin, M. G. Oct. 20, 1850.

429. John S. Chastan & Margaret Bell, Oct. 19, 1850 by Rowland W. Newly (J. P.) Oct. 22, 1850.

430. Terris L. Wilson & Betty Ann Washer, Oct. 19, 1850 by J. Dedman (J. P.) Oct. 19, 1850

431. Jackson Curlee & Susan Nash, Oct. 20, 1850 by L. D. Ballou, (J. P.) Oct. 24, 1850.

Page	No.
55	432. John Ashly & Candis Dedman, Oct. 23, 1850 by Paul L. H. Walker, M. G., Oct. 24, 1850.

433. Vincent R. Bradford & Charlotte Gullick, Oct. 23, 1850 by J. C. Sanders, J. P.; Oct. 24, 1850.

434. William T. Barnett & Susan A. Kent, Oct. 24, 1850 by F. P. Gill, J. P, Oct. 24, 1850.

435. James C. Barnett & Lucinda S. Kilver, Oct. 24, 1850 by F. P. Gill, J. P. Nov. 10, 1850.

436. Sampson McClellan & Charity H. Clay, Oct. 30, 1850 by D. K. Timberlake, M. G., Oct. 30, 1850.

437. William S. Robinson & Elizabeth West, Nov. 4, 1850 by Sampson McClellan, J. P. Nov. 14, 1850.

438. James. W. Johnson & Drucella J. Moore, Nov. 4, 1850 by N. Ward, J. P. Nov. 5, 1850.

439. John Mills, & Sally Pullum, Nov. 4, 1850 by J. Dedman, J. P. Nov. 6, 1850.

56   440. Archible W. Q. Baker & Rebecca Allen, Nov. 4, 1850 by J. C. Sanders, J. P., Nov. 20, 1850.

441. Johnson Dillihay & Alithia R. Gregory, Nov. 12, 1850 by Daniel Smith, Dec. 14, 1850.

442. James E. Belcher & Sarah F. Seay, Nov. 12, 1850 by John Seay, M. G., Nov. 13, 1850.

443. John Reed & Sarah C Manners, Nov. 13, 1850 by Thos. C. Marchbanks, J. P., Nov. 14, 1850.

444. Burton Underwood & Frances Denny Nov. 14, 1850 by Leroy H. Cage, M. G., Nov. 15, 1850.

445. William D. Boulton & Nancy C. Reeves, Nov. 19, 1850 by J. C. Sanders, J. P., Nov. 20, 1850.

446. William G. Sampson & Elinor Jones, Nov. 21, 1850 by C. S. Sampson, J. P., Nov. 26, 1850.

447. William Harris & Melvina S. Page, Nov. 21, 1850 by Leroy H. Cage, M. G., Nov. 27, 1850.

57   448. Brittan M. Richardson & Elizabeth Sloan, Nov. 22, 1850.

449. Leander J. Wyatt & Sarah Austin, Nov. 23, 1850 by Paul L. H. Walker, M. G., Nov. 24, 1850.

450. John Heflin & Elizabeth C. White, Nov. 26, 1850 by J. W. Paty, (J. P.) Nov. 26, 1850.

451. Thomas Allen & Nancy Berry, Nov. 27, 1850 by J. Jones, (J. P.) Nov. 28, 1850

452. Edward B. Haynie & Nancy A. Vance, Nov. 27, 1850.

No.

453. Daniel Sullivan & Elizabeth E. Rutherford, Nov. 28, 1850 by William Kearly (J. P.) Ded. 23, 1850.

454. Jeremiah Butler & Harriett F. Oliver, Dec. 13, 1850.

455. Thomas Maxey & Mary B. Day, Dec 14, 1850.

456. Thomas Springs & Susan A. Spain, Dec. 16, 1850 by O. S. Ewing, J. P., Dec. 19, 1850.

457. Horbert Sadler & Cyntha J. League, Dec. 18, 1850 by Joel Whitten, M. G., Dec. 22, 1850.

458. William A. Richardson & Mary Wiseman, Dec. 21, 1850 by Stephen Petty, J. P. Dec. 24, 1850.

459. Josiah S. Jenkins & Mary A. Harville, Dec. 23, 1850 by J. J. James M. G., Dec. 25, 1850.

460. David Carder & Susan Fletcher, Dec. 29, 1850 by Thomas Driver, J. P. Same day.

461. Thomas Climer & Milly Philips, Dec. 30, 1850 by James Haynie, J. P., Same day.

462. Jackson Hickran & Adeline Jones, Dec. 30 1850 by J. C. Sanders, J. P.? Dec. 31, 1850.

463. Jessee Moss & Mildred A. Taylor, Dec. 30, 1850 by L. D. Ballou, (J. P.) Jan. 8, 1851.

464. William P. Cornwell & Lurany McCormack, Dec. 31, 1850 by Drury Cornwell, J. P. Dec. 31, 1850.

465. Mitchell Perry & Susan C. Hart. Dec. 31, 1850, Jan 1, 1851.

466. James McClanahan & Elizabeth Woodmore, Jan. 1, 1851 by William Kearly, J. P. Jan. 2, 1851.

467. Andrew J. Givins & Emeline Thomas, Jan. 1, 1851 by Drury Cornwell, (J. P.) Jan. 5, 1851.

468. Thomas J. Terry & Lucy Ann Rogers, Jan. 6, 1851.

469. William Massey & Sarah S. Burtan, Jan. 7, 1851.

470. Samuel A. Moss & Julian Sadler, Jan. 8, 1851 by Stephen Petty, J. P., Jan. 9, 1851.

471. Wade H. Butler & Mary A. Cornwell, Jan. 15, 1851 by Drury Cornwell, (J. P.) Jan. 16, 1851.

472. Willis W. Russell & Elizabeth Beston, Jan. 20, 1851 by L. D. Ballou, J. P. Jan. 21, 1851.

473. Pinkney Piles & Eliza Roberts, Jan. 22, 1851 by William Kearly, (J. P.) Jan. 23, 1851.

474. Lewis Chambers & James Durham, Jan. 27, 1851, Same day.

475. John M. Simmons & Ara Ann W. Nichols, Jan. 31, 1851 by L. P. McMurry, J. P. Same day.

476. Marcus Allen & Delila Berry, Feb. 3, 1851 by J. Jones, (J. P.) Feb. 6, 1851.

477. Charles Thompson & Martha A. Dennis, Feb. 4, 1851 by J. C. Sanders, J. P. Feb. 6, 1851.

478. John Eadon & Lucretia Grissim, Feb. 4, 1851 by James Haynie, (J. P.) Feb. 7, 1851.

479. Charles Robinson & Elizabeth Overstreet, Feb. 5, 1851 by Joseph C. Dickens (J. P.) Same day.

480. Thomas Wilburn & Judy Payne, Feb. 8, 1851.

481. Thomas C. Davis & Martha J. Moores, Feb. 24, 1851 by J. Jones, (J. P.) Feb. 25, 1851.

482. James B. Jeffrys & Mary Hughes, Feb. 24, 1851 by John W. Bower, M. G. Feb. 27, 1851.

483. Luella Pope & Mary W. Wooten, Feb. 25, 1851 by M. A. Marlow, M. G. Feb. 27, 1851.

484. John Clairdy & Sarah Morris, Feb. 26, 1851 by O. S. Ewing, J. P. Same Day.

485. James Austin & Vina Wormack, Mar. 3, 1851 by William Shoemake, (J. P.) Mar. 12, 1851.

486. Jessee B. Andrews & Sindarilla J. Stone, Mar. 4, 1851 by Wm. B. Whitley, (J. P.) Same day.

487. William F. Rowland & Nancy A. Redman, Mar. 5, 1851 by D. R. Hooker, M.G. Mar. 6, 1851.

488. James Holland & Susan Lee, Mar. 6, 1851 by Willis Dean, (J. P.) Mar. 6, 1851.

489. Young M. Knight & Frances Gun, Mar. 7, 1851 by L. A. Smithwick, M. G., Mar. 8, 1851.

490. John Pucket & Rebecca McGinnis, Mar. 8, 1851 by J. H. Mann, M. G., Mar. 9, 1851.

491. H. F. Sercy & Temperance T. Everett, Mar. 10, 1851 by James Barrett, M. G., Mar. 15, 1851.

492. Thomas H. Sanderson & Mary Prowell, Mar. 14, 1851 by Francis Dowell, (J. P) Mar. 16, 1851.

493. Thomas Ivy & Nancy Morris, Mar. 17, 1851 by Soloman Dice, (J. P.) Mar. 18, 1851.

494. Abreham Good & Mary Bishop, Mar. 18, 1851. License Lost. New One Issued Dec. 24, 1851.

495. Joseph Pace & Leviso Leonard, Mar. 18, 1851, by Jas. Trousdale, (J. P.) Same day.

No. 25

496. Bennett C. Winfrey & Elizabeth A. Agee, Mar. 19, 1851 by Wm. B. Whitley, (J. P.) Mar. 20, 1851.

497. Oliver Mormun & Celia Martin, Mar. 18, 1851 by William Shoemake, (J. P.) Mar. 19, 1851.

498. William A. Colyor & Sarah Neely, Mar. 22, 1851 by J. C. Sanders, (J. P.) Same day.

499. Wilson W. Mintan & Elizabeth J. Cooper, Mar. 24, 1851 by Jas. Trousdale, J. P., Mar. 27, 1851.

500. William J. Lester & Louisa V. Haynie, Mar. 25, 1851 by Daniel Smith, Same day.

501. William C. Stafford & Sarah E. Fletcher, Mar. 26, 1851 by William Kearley, (J. P.) Mar. 27, 1851.

502. William R. Dennis & Mary F. Overstreet, Mar. 29, 1851 by Jas. C. Dickens, (J. P.) Mar. 29, 1851.

503. Archible King & Mary R. Luckey, Apr. 3, 1851 by J. Jones (J. P.) April 8, 1851.

504. William D. Cardwell & Susan F. Robinson, Apr. 14, 1851 by Joseph C. Dickens (J. P.) Apr. 16, 1851.

505. John D. Hazzard & Frances J. Flippin, Apr. 16, 1851 by Leroy H. Cage, M. G., Same day.

506. William Shoemake & Mary Hubbard, April 21, 1851 by B. J. Vaden, (J. P.) April 23, 1851.

507. William W. Gibbs & Jane Bransford, Apr. 29, 1851 by Leroy H. Cage, M. G., Apr. 30, 1851.

508. James Alstan & Elizabeth Lovelong, May 14, 1851 by James Trousdale, J. P. May 14, 1851.

509. John Gregory & Mary A. Beasley, May 15, 1851 by James Haynie, J. P., July 15, 1851.

510. Bird E. Bates & Martha A. Butler, May 20, 1851 by Wm. Kelly, May 20, 1851.

511. Abreham W. Mason & Sarah E. Hughes, May 21, 1851

512. Logan Fisher & Martha Grigston May 25, 1851 by Thomas Driver, (J. P.) May 25, 1851.

513. Burrel Driver & Elizabeth J. Dillon, May 27, 1851 by W. H. Hughes, M. G., May 28, 1851.

514. Larkin S. Beasley & Martha A. Houk, May 27, 1851 by Leroy H. Cage, M. G., May 28, 1851.

515. Robert Green & Elizabeth Sanderson, May 28, 1851 by J. R. Sloan, (J. P.) May 29, 1851

516. William C. Denny & Drucilla G. Bradly, May. 28, 1851 by Leroy H. Cage,

Page No.

M. G., May 29, 1851.

517. Basil Hayse & Sarah Brent, May 31, 1851 by H. H. Sullivan, M. G., June 2, 1851.

518. Henry Woodard & Emily Vaden, June 9, 1851 by B. J. Vaden, (J. P.) June 11, 1851.

518a. Isaac Bates & Martha Williams, June 11, 1851 by Wm. Killy, June 11, 1851.

66 519. Edmund C. Parker & Martha J. Douglas, June 12, 1851 by T. B. Flippin, (J. P.) Same day.

520. John Corly & Harriet Brent, June 16, 1851 by H. H. Sullivan, M. G., June 18, 1851.

521. Daniel Baily & Elizabeth Brey, June 30, 1851 by Wm. B. Whitley, (J. P.) June 30, 1851.

522. Houstan Smith & Louisaanna Mathews, July 8, 1851 by James Haynie, (J. P.) Same day.

523. Joseph Derricksan & Sarah Hintan, July 11, 1851 by Leroy H. Cage, (M. G.) July 22, 1851.

524. Reubin Satterfield & Elizabeth Harper, July 30, 1851 by William Kearly, (J. P.) July 31, 1851.

525. Horbort Sadler & Nancy C. Chisun, July 30, 1851 by Joseph C. Dickens, (J. P.) Same day.

526. John M. Turner & Martha N. Evetts, Aug. 1, 1851 by L. D. Ballou, (J. P.) Aug. 17, 1851.

67 527. James Litchford & Louisa Hasting, Aug. 4, 1851 by T. B. Flippin, (J. P.) Aug. 5, 1851.

528. David A. Tyree & Susana Waggoner, Aug. 12, 1851 by James Barrett, M. G. Same day.

529. William Shoulders & Sarah Nash, Aug. 16, 1851 by L. D. Ballou, (J. P.) Aug. 17, 1851.

530. Robert Beasley & Mary Green, Aug. 18, 1851 by B. J. Vaden (J. P.) Aug. 19, 1851.

531. James Smith & Sarah Whitten, Aug. 21, 1851.

532. Robert W. Pope & Martha W. Denton, Aug. 21, 1851 by J. C. Sanders, (J.P.) Same day.

533. Isaac Witmore & Elizabeth Shoulders, Aug. 23, 1851 by L. D. Ballou, (J. P.) Aug. 24, 1851.

534. John S. Durham & Harriet Davis, Aug. 23, 1851 by J. Jones (J. P.) Aug. 24, 1851.

68 535. Arthur M. Bransford & Sarah Gomer, Aug. 25, 1851 by Leroy H. Cage, M. G.,

No.

Aug. 26, 1851.

536. Henry Fuller & Sarah E. Morris, Aug. 30, 1851 by F. P. Gill, (J. P.) Aug. 31, 1851.

537. Albert G. Hallum & Serenie Hund, Sept. 3, 1851 by D. K. Timberlake, M. G. Same Day.

538. Henry Walker & Harriet Johnson, Sept. 6, 1851 by D. K. Timberlake, M. G. Sept. 7, 1851.

539. James Mathews & Rhoda A. Mathews, Sept, 9, 1851 by M. E. Johnson, M. G. Sept. 11, 1851.

540. George W. Jones & Nancy Baugh Sept. 9, 1851 by J. R. James, (J. P.) Sept. 10, 1851.

541. John Kelly Or David & Rhody Grestan, Sept. 13, 1851 by F. Starnes, J. P. Sept. 14, 1851.

542. John D. Davis & Candis E. Smith, Sept. 13, 1851 by James Haynie, J. P. Same day.

543. German H. Burnett & Nancy M. Debow, Sept. 15, 1851 by James Haynie, J. P. Same day.

544. Richard O? Taylor & Nancy C. Uhls, Sept. 17, 1851 by Benjy E. Towns, (J. P.) Oct. 2, 1851.

545. James Adcock & Elizabeth Scruggs, Sept. 23, 1851 by Thomas Carmen(?) J. P. Sept. 23, 1851.

546. Mathew R. Davis & Lucy B. Coster, Sept. 24, 1851.

547. William Hasting & Mary Squires, Sept. 24, 1851 by Jas. W. Grissim, J. P. Sept. 24, 1851.

548. George Waggoner & Nancy Smith, Sept. 25, 1851 by Coleman S. Sampson, J. P. Sept. 25, 1851.

549. Johnson Washer & Reenah Sandlin, Sept. 27, 1851 by J. Dedman, (J. P.) Oct. 1, 1851.

550. George W. Walker & Mildred A. Johnson, Sept. 29, 1851 by Daniel Smith, M. G., Oct. 13, 1851.

551. James P. Baker & Mary Wilkerson, Oct. 1, 1851 by Coleman S. Sampson, J. P. Oct. 1, 1851.

552. Martin Perry & Minerva A. Climer, Oct. 2, 1851 by Miles F. West, (J. P.) Oct. 2, 1851.

553. Thomas N. East & Mary Jourdan, Oct. 7, 1851 by Stephen Petty, (J. P.) Oct. 7, 1851.

554. Richard Oldham & Nancy D. Porter, Oct. 14, 1851 by J. R. Sloan, (J. P.) Oct. 16, 1851.

555. William Moore & Cleapatree, Baily, Oct. 14, 1851 by Wm. B. Whitly, (J. P.)

Oct. 16, 1851.

556. Jordan A. Smith & Martha McGinnis, Oct. 15, 1851 by James Haynie, (J. P.) Oct. 16, 1851.

557. Henry McClanahan & Martha A. Bell, Oct. 16, 1851 by F. P. Gill (J. P.) Oct. 16, 1851.

558. William Shepherd & Judy M. Moran, Oct. 16, 1851 by F. P. Gill, (J. P.) Oct. 18, 1851.

559. Robert S. Alcorn & Martha J. Alexander, Oct. 22, 1851 by Felix N. Patterson M. G., Oct. 24, 1851.

560. Jessie Massey & Elizabeth Cunningham, Oct. 25, 1851 by John S. Mason, (J. P.) Oct. 25, 1851.

561. William G. Roddy & Armanda J. Stockton, Oct. 25, 1851 by Wm. H. Branning, M. G., Oct. 25, 1851.

562. William D. Boss & Martha A. Avent, Oct. 25, 1851 by H. H. Sullivan, M. G. Oct. 29, 1851.

563. William B. Moore & Bemalinda R. Davis, Oct. 28, 1851 by Isaac Jones, (J. P.) Nov. 5, 1851.

564. John Stubblefield & Nancy Smithwick, Oct. 28, 1851 by Jas. C. Bowden, M. G. C. P. C. Oct. 29, 1851.

565. Thomas J. Terry & Louisa Oakly, Nov. 3, 1851 by J. W. Petty, (J. P.) Nov. 12, 1851.

566. James King & Minerva Massey, Nov. 3, 1851 by B. J. Vaden, (J. P.) Nov. 6, 1851.

567. Cornelus Hubbard & Nancy W. Uhles, Nov. 5, 1851 by D. K. Timberlake, M. G. Nov. 6, 1851.

568. William S. Towns & Ann C. Day, Nov. 7, 1851 by J. Wiseman, M. G., Nov. 9, 1851.

569. William C. Hogan & Sarah Shoemake, Nov. 9, 1851 by D. K. Timberlake, M. G. Nov. 13, 1851.

570. Timothy H. Williams & Lucy E. Young, Nov. 11, 1851--Tim H. Williams, Non Est Inventus.

571. Elijah Gomer & Martha Woods, Nov. 11, 1851 by Thomas Carver, (J. P.) Nov. 13, 1851.

572. William H. Lemmins & Eliza J. McKinnis, Nov. 12, 1851 by Joseph C. Dickens, (J. P.) Nov. 12, 1851.

573. John Kelly & Rebecca Kelly, Nov. 24, 1851 by Thomas Driver, (J. P.) Nov. 26, 1851.

574. James C. Grantan & Margaret Smith, Nov. 26, 1851 by James Barrett, M. G. Nov. 26, 1851.

No.

575. William A. Nunly & Louisa M. Anderson, Nov. 29, 1851.

576. Archibald Claridey & Elizabeth D. Swan, Dec. 4, 1851 by C. S. Ewing, J. P. Dec. 4, 1851.

577. Archiblad C. Nolin & Parthenia J. Fulks, Ded. 6, 1851 by Coleman S. Sampson J. P., Dec. 7, 1851.

578. William Airington & Sarah A. Butler, Dec. 8, 1851 by F. P. Gill, J. P. Dec. 11, 1851.

579. John C. Climer & Cerritha Maddin, Jan. 23, 1851 by William Kearly (J. P.) Jan. 23, 1851.

580. Daniel Driver & Sarah E. Butler, Dec. 11, 1851 by Thomas Driver, (J. P.) Dec. 11, 1851.

581. James Ray & Mary Sexton, Dec. 17, 1851 by James Trousdale, Dec. 18, 1851.

582. Wily A. Estes & Elizabeth Manning, Dec. 17, 1851 Non est inventus therefore returned.

583. Washington Massey & Catharine Burnett, Dec. 22, 1851 by Stephen Petty, (J. P.) Dec. 23, 1851.

584. Burton Anderson & Louisana Craghead, Dec. 23, 1851 by Daniel Smith, J. P. Dec. 23, 1851.

585. Samuel D. Eckles & Martha Mason, Dec. 23, 1851 by F. P. Gill, J. P., 25 Dec. 1851.

586. Abram Goad & Mary Bishop, Dec. 24, 1851.

587. Feshee Cornwell & Sarah M. Garrett, Dec. 24, 1851 by Drury Cornwell, J. P. Dec. 25, 1851.

588. John A. Wilson & Nancy B. Wooten, Dec. 24, 1851 by O. S. Ewing, J. P., Dec. 24, 1851.

589. Andrew J. Duncan & Martha S. Etherly, Dec. 25, 1851 by W. N. Suit, M. G., Dec. 30, 1851.

590. John H. Garner & Sarah Merrett, Dec. 28, 1851 by D. M. Lee, O. M., Jan1 15, 1852.

591. John C. Bridgwater & Mary F. Vaughn, Dec. 29, 1851 by Leroy H. Cage, M. G. Jan. 1, 1851.

592. Raleigh Stott & Kitty C. Bennett, Jan. 2, 1851 by Drury Cornwell, J. P. Jan. 28, 1852.

593. Dempsey H. Suit & Martha J. Martin, Jan. 4, 1852, by Leroy H. Cage, M. G. Jan 4, 1852.

594. James A. Grenade & Annie Austin, Jan. 5, 1852 by L. D. Ballou (J. P.) Jan. 6, 1852.

595. James M. Dickens & Mary Croslin, Jan. 6, 1852 by William Shoemake, J. P., Jan. 9, 1852.

596. William Denny & Lidia A. Kent, Jan. 7, 1852 by F. P. Gill, J. P. Jan. 7 1852.

597. William Piper & Nancy Oldham, Jan. 8, 1852 by J. R. Sloan, J. P. Jan. 13, 1852.

598. James Anderson & Mariah Richards, Jan. 9, 1852 by Daniel Smith (J. P.) Jan. 15, 1852.

599. Robert Daugherty & Judy Hubbard, Jan. 12, 1852 by B. J. Vaden, J. P. Jan. 12, 1852.

600. James E. Beasley & Mary A. Crapper, Jan. 13, 1852 by Jas. W. Grissim, J. P. Jan. 14, 1852.

601. John Pander & Susan Hally, Jan. 14, 1852 by Fredrick Starnes, J. P., Jan. 15, 1852.

602. Jessee Carter & Winney Cockeran, Jan. 20, 1852 by James Haynie, J. P. Jan. 20, 1852.

603. Jessee Baird & Susan J. Agee, Jan. 21, 1852 by Paul L. H. Walker, Jan. 22, 1852.

604. Eli A. Coggins & Sarah Coggins, Jan. 21, 1852. by D. M. Lee, O. M. Jan. 23, 1852.

605. Hubbard Partin & Mahaly Robinson, Jan. 24, 1852 by Jeremiah Belk M. G., Jan 28, 1852.

606. Benjamin F. Thomas & Mary J. Johnson, Jan. 24, 1852 by Wm. B. Whitly (J. P.) Jan. 27, 1852.

607. Joseph A. Douglass & Margaret P. Carter, Jan. 26, 1852 by O. S. Ewing, J. P, Jan. 29, 1852.

608. Fleming G. Harris & Catherine Ligon, Jan. 28, 1852 by J. Wiseman, Feb. 4, 1852.

609. William Carpenter & Sarah H. Cooper, Jan. 28, 1852.

610. Henry Wilson & Sophia Carpenter, Feb. 2, 1852 by C. S. Sampson, J. P., Feb. 10, 1852.

611. James Aldridge & Mattey Raphety, Feb. 4, 1852 by D. M. Lee, O. M. Feb. 5, 1852.

612. Isaac N. Swan & Mary A. Claridey, Feb. 10, 1852 by O. S. Ewing, (J. P.) Feb. 10, 1852.

613. Russell W. Mercer & Mary Tinsbloom, Feb. 12, 1852 by F. P. Gill, J. P., Feb. 12, 1852.

614. Burrell Robinson & Paralee Cardwell, Feb. 12, 1852 by Jeremiah Belk, M. G., Feb. 12, 1852.

615. Sandy White & Martha Buckenham, Feb. 14, 1852 by Richard Lyon, M. G. Feb. 19, 1852.

No.

616. James Pitman & Elvira Foutch, Feb. 18, 1852 by J. Dedman, J. P., Feb. 18, 1852.

617. William C. Norris & Mary S. Roe, Feb. 19, 1852 by O. S. Ewing, J. P., Feb. 19, 1852.

618. David Parkhurst & Jane Parker, Feb. 21, 1852.

619. Poleman D. West & Matilda J. McCormack, Feb. 22, 1852 by Drury Cornwell (J. P.) Feb. 22, 1852.

620. George Nichols & Mary J. Vanderpool, Feb. 24, 1852 by Wm. B. Whitley, (J. P.) Feb. 26, 1852.

621. Purdeman Jones & Elizabeth Glover, Feb. 25, 1852 by B. J. Vaden, J. P., Feb. 26, 1852.

622. Thomas M. Romine & Milly Ann Hughes, Feb. 27, 1852.

79   623. William W. Angell & Huldah Perry, Mar. 1, 1852 by Miles F. West, (J. P.) Mar. 1, 1852.

624. Leroy Dicus & Mary Donoho, Mar. 3, 1852 by Willis Dean, (J. P.) Mar. 10, 1852.

625. John H. Law & Sarah Jones, Mar. 5, 1852 by Daniel Huddleston, (J. P.) Mar. 10, 1852.

626. Daniel G. Griggs & Mary H. Marshall, Mar. 5, 1852 by William Kearly (J. P.) Mar. 10, 1852.

627. Larkin Manner & Polly McGuffy, Mar. 10, 1852 by F. Starnes, J. P., Mar. 24 1852.

628. John Bostan & Jane Nash, Mar. 20, 1852 by L. D. Ballou (J. P.) Mar. 21, 1852.

629. Beverly S. Kemp & Tenasy B. West, Mar. 24, 1852 by Miles F. West, J. P., Mar. 25, 1852.

630. Baily Woodson & Lucie Denny, Mar. 30, 1852 by Thomas Driver, (J. P.) April 1, 1852.

80   631. Richard T. Marlow & Rebecca F. Suit, Apr. 1, 1852 by O. S. Ewing, J. P. Aprl 1, 1852.

632. James Hally & Lear Winchester, Apr. 3, 1852 by H. Love, (J. P.) Apr. 4, 1852.

633. Samuel Jenkins & Polly Boston, Apr. 7, 1852 by L. D. Ballou (J. P.) Apr. 8, 1852.

634. Garland H. Knight & Jane S. Draper, Apr. 9, 1852 by Miles F. West, (J. P.) Apr. 15, 1852.

635. Daniel M. Justice & Dicy A. Sykes, Apr. 12, 1852 by B. F. Butler, M. G., Apr. 13, 1852.

636. Robertson Stafford & Elizabeth Roberts, Apr. 14, 1852 by William Kearly, (J. P.) Apr. 15, 1852.

637. Montague Knight & Louisa J. West, Apr. 22, 1852 by Miles F. West, (J. P.) April 22, 1852.

638. John W. Donoho & Levinia Donoho, Apr. 24, 1852.

639. William Parram & Majorie Bruce, Dec. 13, 1852 by O. S. Ewing, J. P., Jan. 1, 1852.

640. Hamilton Black & Cynthia Uhls, Apr. 30, 1852 by Thomas Carman, J. P., May 2, 1852.

641. Elijah L. Stafford & Nancy McClanahan, May 3, 1852 by J. T. Day (J. P.) May 4, 1852.

642. James D. Shoemake & Mary E. J. McDaniel, May 3, 1852 by William Shoemake, May 8, 1852.

643. Richard W. Nichols & Mohulda E. Leftwick, May 10, 1852 by W. P. Hickman, May 13, 1852.

644. Simean H. Smith & Elizabeth Hunt, May 12, 1852 by J. C. Sanders, J. P. May 12, 1852.

645. Thomas J. Scrivner & Mahalaner Rutherford, May 18, 1852.

646. Thomas A. Flippin & Eliza J. Payne, May 26, 1852 by L. H. Cage, M. G.? May 26, 1852.

647. John Goad & Sarah E. Graham, May 29, 1852 by Jno. N. Pendegast, M. G., May 30, 1852.

648. William Rex & Nansy Ray, June 8, 1852, by H. L. Thawick, M. G., June 9, 1852.

649. Rufus W. Hance & Harriett S. Vaden, June 12, 1852 by Drury Cornwell, M. G.; June 13, 1852.

650. Joseph Darnel & Rebecca Ray, June 18, 1852 by James Trousdale, J. P., June 19, 1852.

651. William Brassell & Amanda Allen, June 19, 1852 by F. Starnes, J. P., June 20, 1852.

652. William Brown & Emaline Williams, June 22, 1852 by Jas. Trousdale, J. P., June 23, 1852.

653. David H. Campbell & Lucy G. Goodall, June 29, 1852 by John Kelly, M. G., M. E. C. South, June 29, 1852.

654. Henry B. Kelly & Nancy Hunt, July 3, 1852 by A. H. King (J. P.) July 3, 1852.

655. Samuel Lancaster & Harriett Moore, July 6, 1852 by J. H. Baird, (J. P.) July 8, 1852.

656. John Hyatt & Emily Winkler, July 16, 1852 by L. D. Ballou, (J. P.) Aug. 18, 1852.

No.

657. Josiah Baird & Martha J. Dowell, July 19, 1852.

658. John Haile & Milly D. Walton, July 22, 1852.

659. Thomas J. Scrivner & Ann Bundy, July 22, 1852.

660. Samuel G. Richardson & Martha Cardwell, July 22, 1852 by A. B. Coke, M. G., July 22, 1852.

661. Stephen D. Sampson & Josapheena F. Andrews, July 26, 1852 by J. C. Sanders, J. P., July 26, 1852.

662. Harris J. Condit & Celia A. Inge, July 28, 1852 by Ira W. King, M. G. July 28, 1852.

663. Eleazer Smith & Martha Luck, July 28, 1852 by D. K. Timberlake, M. G., July 28, 1852.

664. Littleton Bruce & Susana Prowell, July 29, 1852 by J. H. Baird, (J. P.) July 29, 1852.

665. Pinkney Baily & Tabitha Crook, July 31, 1852 by N. Ward, J. P. July 31, 1852

666. John R. Boston & Mary A. McCall, Aug. 9, 1852 by Leroy H. Cage, M. G. Aug. 10, 1852.

667. James H. Laurence & Delila Sandlin, Aug. 10, 1852 by J. Dedman, (J. P.) Aug. 12, 1852.

668. Robert Brown & Rebecca Belk, Aug. 16, 1852 by Rev. W. P. Hickman, Aug. 17, 1852.

669. Miles W. Shoemake & Alethia F. Martin, Aug 18, 1852 by William Shoemake, (J. P.) Aug. 22, 1852.

670. Henry Aldridge & Eliza Tolbert, Aug. 21, 1852 by T. B. Flippin (J. P.) Aug. 22, 1852.

671. John S. Davis & Mary Bradly, Aug. 23, 1852 by J. W. Patey, (J. P.) Aug. 25, 1852.

672. William Gillehan & Sarah A. Traweek, Aug. 28, 1852.

673. Enoch G. Cartwright & Sarah W. Smithwick, Sept. 1, 1852 by L. A. Smithwick, M. G. Sept, 7, 1852.

674. Abraham Carter & Mary J. Willoly, Sept, 2, 1852 by N. Ward, J. P. Sept. 2, 1852.

675. Lemuel Hughes & Julia Ashly, Sept. 2, 1852 by J. R. James, J. P. Sept. 5, 1852.

676. Reubin C. Ragland & Mary F. Day, Sept, 6, 1852 by W. H. Haile, M. G. Sept. 12, 1852.

677. David Wade & Nancy A. Fugueson, Sept. 9, 1852 by H. L. Traweek, M. G., Sept. 9, 1852.

678. William C. McClard & Delila S. Stafford, Sept. 9, 1852 by Philip T. Day,

Page	No.	
		(J. P.) Sept. 9, 1852.
86	679.	James Malone & Elizabeth Askew, Sept. 15, 1852 by William F. Terry, (J. P.) Sept. 16, 1852.
	680.	James P. Overstreet & Dicy J. Murry, Sept. 15, 1852 by J. C. Dickens, J. P. Sept. 15, 1852.
	681.	Dixon C. Williams & Martha J. Dillam, Sept. 21, 1852.
	682.	William J. Bruce & Amanda T. Hall, Sept. 22, 1852.
	683.	James W. Scoggins & Minerva A. Carman, Sept. 25, 1852 by Leroy H. Cage, M. G. Sept. 28, 1852.
	684.	John P. Halliburton & Susan E. Furgusson, Sept. 27, 1852.
	685.	Moses Givens & Martha Thomas, Sept. 29, 1852 by E. W. Cornwell, (J. P.) Sept. 29, 1852.
	686.	James T. Dillehay & Lucy West, Sept. 29, 1852 by Miles F. West, J. P. Sept. 30, 1852.
87	687.	William S. Parker & Mary A. Midgett, Sept. 29, 1852 by William F. Terry, (J. P.) Sept. 29, 1852.
	688.	F. M. Boatman & Catharine Vanderpool, Sept. 29, 1852 by James Trousdale, (J. P.) Sept. 30, 1852.
	689.	Allen Givens & Matilda Carter, Sept. 29, 1852 by E. W. Cornwell, (J. P.) Sept. 29, 1852.
	690.	Andrew J. Swinny & Polly Bryant, Oct. 5, 1852 by D. A. McEacherin, (J. P.) Oct. 5, 1852.
	691.	Jeremiah M. Band & Elizabeth Grissim, Oct. 5, 1852 by O. S. Ewing, (J. P.) Oct. 7, 1852.
	692.	Isaac J. Barrett & Eveline H. McClanahan, Oct. 7, 1852 by Wm. B. Whitly, (J. P.) Oct. 7, 1852.
	693.	James Piper & Eliza J. Haynie, Oct. 13, 1852.
	694.	John Blankenship & Elizabeth M. Beasley, Oct. 13, 1852 by O. S. Ewing, J. P. Oct. 14, 1852.
88	695.	Herrel Gentry & Lucy Gibbs, Oct. 14, 1852 by F. P. Gill, (J?P.) Oct. 14, 1852.
	696.	Jeremiah Neel & Marinda Baker, Oct. 16, 1852 by C. S. Sampson, J. P. Nov. 18, 1852.
	697.	James Brent & Susan Reynolds, Oct. 19, 1852 by J. Dedman, (J. P.) Oct. 25, 1852.
	698.	James L. Bennett & Adeline E. Glover, Oct. 20, 1852 by Joseph C. Dickens, (J. P.) Oct. 20, 1852.
	699.	Daniel Wood & Martha A. Hickman, Oct. 21, 1852 by Jno. Bridges, (J. P.) Oct. 21, 1852.

No.

700. Andrew J. Sullivan & Mary F. Adcock, Oct. 23, 1852 by James Haynie, (J. P.) Oct. 24, 1852.

701. James A. Cardwell & Lucy F. Cardwell, Oct. 23, 1852 by Joseph C. Dickens, (J. P.) Oct. 27, 1852.

702. Joseph F. Duffer & Misouria Beasley, Oct. 25, 1852.

703. William C. Payne & Mary J. Bruce, Oct. 26, 1852 by O. S. Ewing, J. P., Oct. 27, 1852.

704. John B. Holleman & Amy M. Furgussan, Oct. 27, 1852 by G. G. Ferrell, M. G., Nov. 4, 1852.

705. Hintan A. Hill & Martha Oakly, Oct. 30, 1852 by William F. Terry, (J. P.) Oct. 31, 1852.

706. William A. Harper & Mary F. R. A. Lambert, Oct. 30, 1852 by Wm. B. Whitly, (J. P.) Nov. 4, 1852.

707. John Baily & Sarah E. Harper, Nov. 2, 1852 by James Trousdale, (J.P.) Nov. 3, 1852.

708. Braxton P. Baily & Mary M. Harper, Nov. 2, 1852 by Jas. Trousdale, (J. P.) Nov. 3, 1852.

709. Green Hobbs & Martha A. Goddy, Nov. 3, 1852 by W. N. Suit, M. G., Nov. 3, 1852.

710. William S. Moore & Sarah Hubbard, Nov. 3, 1852 by F. P. Gill, (J. P.) Nov. 3, 1852.

711. James T. George & Mary Oakly, Nov. 4, 1852 by D. A. McEachen, (J. P.) Nov. 7, 1852.

712. Nephthili Nixon & Elizabeth Ashly, Nov. 4, 1852.

713. Edward W. Wilson & Mary J. Brittle, Nov. 8, 1851.

714. Henry Dickens & Eliza Dillard, Nov. 9, 1852 by J. Belk, M. G., Nov. 10, 1852.

715. Timothy H. Williams & Lucy A. Payne, Nov. 9, 1852 by Leroy H. Cage,(M. G.) Same day.

716. Richard T. Barksdale & Euphemia B. Burnett, Nov. 10, 1852 by Wm. D. Chadrich, C. P. M. G., Nov. 17, 1852.

717. Martin L. Lemmons & Martha A. Hadock, Nov. 18, 1852 by Joseph C. Dickens, J. P., Nov 18, 1852.

718. Archible J. Colbert & Mary B. Timberlake, Nov. 18, 1852 by D. K. Timberlake, M. G., Nov. 18, 1852.

719. Andrew J. Graham & Amanda J. Timberlake, Nov. 18, 1852 by D. K. Timberlake, M. G., Nov. 18, 1952.

720. Squire McCormack & Charity Craghead, Nov. 24, 1852 by E. W. Cornwell, (J. P.) Same day.

721. Thomas Bradly & Martha C. Wilson, Nov. 27, 1852 by W. H. Haile, M. G., Nov. 28, 1852.

722. John M. Mathews & Tabitha T. Philips, Dec. 1, 1852 by Miles F. West, (J. P.) Same day.

723. Archible V. H. Allen & Lucy E. Young, Dec. 2, 1852 by R. A. Lapsly, Dec. 3, 1852.

724. John A. Andrews & Aralisha S. Boulton, Dec. 2, 1852 by J. C. Sanders, J. P., Dec. 3, 1852.

725. William B. Whitly & Cornelia A. Bell, Dec. 7, 1852.

726. James Nickson & Delila F. Denny, Dec. 9, 1852 by Paul L. H. Walker, M. G., Dec. 9, 1852.

727. John Haynes & Barbary A. Rittenbury, Dec. 9, 1852 by B. J. Vaden, (J. P.) Same day.

728. Olbert Hall & Caroline Reasonover, Dec. 9, 1852 by J. H. Baird, (J. P.) Dec. 12, 1852.

729. John Hudson & Nancy Compton, Dec. 13, 1852 by J. Jones, (J. P.) Dec. 16, 1852.

730. Jordon Woodard & Nancy Overstreet, Dec. 18, 1852 by E. W. Cornwell, (J. P.) Dec. 24, 1852.

731. John Washer & Elizabeth Baysinger, Dec. 17, 1852 by Wm. F. Terry, (J. P.) Dec. 19, 1852.

732. Josiah White & Jane Wilson, Dec. 17, 1852 by J. Dedman, (J. P.) Same day.

733. John M. Nesbit & Melvina Glover, Dec. 18, 1852 by Joseph C. Dickens, (J. P.) Dec. 22, 1852.

734. Charles M. Allen & Martha E. Hall, Dec. 20, 1852 by Wm. F. Terry, (J. P.) Dec. 21, 1852.

735. George W. House & Narcissa Barbee, Dec. 21, 1852 by J. R. Smith, M. M. E. C. & (J. P.) Dec. 23, 1852.

736. Isham Aldridge & Martha Brumley, Dec. 22, 1852.

No.

737. Thomas M. McNeilly & Mary March Dec. 23, 1852 by Joseph C. Dickens (J.P.) Same day

738. Elias King & Ann E. Debow, June 11, 1847 by H. B. Hill C.P.M. June 15, 1847

739. John W. Anderson & Virginia A. Burnett, Jan. 4, 1853 by J. Sherrell, M.G. Jan. 4, 1853.

740. Hezekeah J. Feagans & Isabella Lancaster, Jan 5, 1853 by N. Ward J. P. Jan. 6, 1853.

741. Jonathan Hales & Elizabeth Hortan Jan. 5, 1853 by Joel Whitten, M. G. Jan. 5, 1853

742. Francis Manners & Matilda Cola, Jan. 4, 1853 by J. W. Inge J. P. Jan. 6, 1853.

94 743. James W. Lavell & Priscilla D. Cage, Jan. 7, 1853 by A. I. B. Foster M.G. Jan. 11, 1853.

744. Isaac D. West & Martha Williams Jan. 7, 1853 by Miles F. West J.P. Jan. 11, 1853

745. John Duty & Lucy A. Brown Jan. 8, 1853 by Philip T. Day J. P. Jan. 9, 1853

746. Thomas W. Thaxton & Mary A. Sadler, Jan. 12, 1853 by B. J. Vaden J.P. Jan. 4, (Feb. 4) 1853

747. James Kemp & Alethia Davis Jan. 12, 1853 by James Haynie J. P. Jan. 12, 1853

748. Brice M. Baines & Elizabeth F. Flippen Jan. 13, 1853 by W. N. Suit M. G. Same day

749. Joseph Wallace & Jane Coffee Jan. 18, 1853 by T. J. Lee J. P. Jan. 20. 1853 by B. J. Vaden J. P. Same day

95 750. Joseph High & Sarah Franklin Jan. 20, 1853 by B.J. Vaden J. P. Same Day.

751. William Elrod & Catharine Heard Jan. 20 1853 by William Shoemake J. P. Jan. 24, 1853

752. Robert Nixon & Mary A. T. Jones Jan. 24, 1853 by F. Starns J. P. Jan. 27, 1853

753. Benjamin F. Sampson & Luvicy N. Cardwell, Jan. 24, 1853. by Jno. Bridge J.P. Jan. 26, 1853.

754.

755. John Lamon & Marina Croslin Jan. 25, 1853 by William Shoemake J.P. Jan. 28, 1853

756. Spencer Woodmore & Jane Gamens (?) Jan. 28, 1853

757. Ellis E. Knight & Sarah A. Snoddy Jan. 29, 1853 by James Haynie J. P. Feb. 10, 1853.

758. James Furlong & Barbara Gifford Jan. 30, 1853 by James Haynie J. P. Jan. 30, 1853

759. Thomas Owen & Lucy Tolbert Jan. 31, 1853

96 760. Thomas B. Durham & Martha K. Saddler Feb. 2, 1853 by Ira W. King M. G. Feb. 3, 1853

761. Samuel B. Tinsly & Mary J. Andrews Feb. 9, 1853

762. William Malone & Rebecca Close Feb. 9, 1853 by J. W. Inge J. P. Feb. 15, 1853

763. Thomas Gwaltney & Elizabeth A. Ward Feb. 17, 1853 by William F. Terry J.P. Feb. 17, 1853

764. James P. Garrett & Susan E. .. Porter Feb. 21, 1853.

765. Poleman Hiets & Martha J. Stephen Feb. 22, 1853 by F. Starnes J. F. Feb. 23, 1853.

766. John H. Haly & Nancy E. Beasly Feb. 23, 1853 by Jams M. Spain J.P. Feb 24, 1853

767. Haywood F. Hickman & Elizabeth Brown Feb. 25, 1853 by J. C. Sanders J. P. Feb. 25, 1853

97 768. John Page & Louisa Owen Mar. 2, 1853 by M. C. Johnston, M. G. Mar. 3, 1853

769. Stephen R. Corum & Lucinda Beasly Mar. 8, 1853 by Jas. M. Spain J.P. Mar. 9, 1853

770. William Draper & Mary O. Ford Mar. 9, 1853 by D. K. Timberlake M. G. Mar. 10, 1853

771. Armstrong W. Allen & Mary A. Franklin Mar. 10, 1853 by D. K. Timberlake M. G. Mar. 10, 1853.

772. John F. Coley & Amanda J. Haynes Mar. 15, 1853 by J. W. Inge J. P. Mar. 17, 1853.

773. Thomas C. Peace & Martha Armstrong Mar. 15, 1853.

774. Joseph H. Baughan & Mary J. Scudder, Mar. 16, 1853 by Thomas Driver J.P. Mar. 17, 1853.

775. Alexander Porter & Mary Gregory Mar. 17, 1853. by James Haynie J. P. Mar. 17, 1853.

98 776. John Donoaho & Amanda Dicus Mar. 21, 1853 by Willis Dean J.P. Mar. 25, 1853.

777. George Colliquit & Fanny Manner Mar. 22, 1853 by James Barrett M. G. Mar. 24, 1853

778. Littleton C. Fivash & Margaret Russeal Mar. 22, 1853 by James M. Spain J. P. Mar. 23, 1853

779. Mathew Mathis & Sarah Kemp Mar. 23, 1853 by Miles F. West J. P. Mar. 24, 1853.

780. Elisha H. Brackett & Mary E. Ballou Mar. 23, 1853, by J. R. Sloan J.P. Mar. 24, 1853.

781. Charles Duvall & Sophiana Smith Mar. 27, 1853 by B. J, Vaden J. P. Mar. 27, 1853

782. John L. James & Verdilla Stafford Apr. 11, 1853 by Philip T. Day J.P. April 13, 1853.

783. Thomas C. Stafford & Sarah J. McClanahan Apr. 12, 1853 by William Kearly J. P. Apr. 14, 1853

99 784. Josiah Reece & Parthenia Kittrell Apr. 20, 1853 by E. W. Cornwell J. P. Apr. 21, 1853.

785. William P. Anderson & Jane Maggart Apr. 25, 1853 by William Shoemake J.P. Apr. 26, 1853.

786. Frances M. Orange & Martha McGee Apr. 27, 1853

787. Joseph Bridges & Frances Haile, May 8, 1853 by John Bridges J.P. May 8 1853

788. John H. Suttan & Judith Hessian May 14, 1853 by J. R. Sloan J.P. May 18, 1853

789. James B. Davis & Frances Rodgers May 23, 1853 by James Barrett M. G. May 26, 1853.

790. John Patterson & Elizabeth Kemp June 2, 1853 by J. R. Sloan J.P. June 2, 1853.

791. Dixon James & Emeline Harper June 6, 1853 by E. W. Cornwell J. P. June 7, 1853.

100 792. James Heynes & Mahala McCall Nov. 17, 1847 by Joel Whitten M. G. Nov. 25, 1847.

793. Elias King & Ann E. Debow June 11, 1847 by H.B.H. C.P.M. June 15, 1847

794. John Harris & Melvina Patey June 17, 1853 by Wm. Goodwin M. G. June 17, 1853

795. Jonathan Heflin & Delila Laurance June 18, 1853 by J. W. Patey J.P. June 18, 1853

796. John Roberts & Elizabeth Powell June 28, 1853 by E. W. Cornwell J.P. Aug. 1, 1853

797. Thomas G. Butler & Didary Foutch June 28, 1853 by Thomas Driver J.P. Same day

798. Thomas B. Garnon & Lurany Highers June 29, 1853 by B. Patterson Rev (Seal)

799. William B. Askew & Ann Jones June 30, 1853. by Jesse H. Baird J. P. July 4, 1853.

101 800. James A. Smith & Marinda C. Panky July 5, 1853 by J. R. Sloan J. P. July 7, 1853.

801. James Belk & Eliza Croslin July 6, 1853 by D.K. Timberlake M. G. July 6, 1853.

802. James Croslin & Matilda Belk July 6, 1853 by D. K. Timberlake M. G. July 7, 1853

803. William Patterson & Polly Austin July 9, 1853. by L. D. Ballou J. P. July 11, 1853.

Page	No.

804. Henry P. Donaho & Tabitha Pots July 16, 1853 by Drury Cornwell J.P. July 17, 1853.

805. Thomas Devenport & Nancy J. Spain July 23, 1853 by John Gold M. G. July 24, 1853.

806. Jesse Martin & Mary Knight Aug. 5, 1853, by E. W. Cornwell J.P. Aug. 5, 1853.

807. John S. Halley & Morring Crickum, Aug. 5, 1853 by T. J. Lee, (J. P.) Aug. 14, 1853.

102   808. Johnson Moefield & Peggy Bridges, Aug. 9, 1853.

809. Ridly McDonald & Ruth Warren, Aug. 10, 1853 by B. J. Vaden, (J. P.) Aug. 11, 1853.

810. Isaac N. Baker & Mary J. Boulton, Aug. 13, 1853 by J. H. Baird, (J. P.) Aug. 14, 1853.

811. Burdine Ashly & Nancy Moore Aug. 17, 1853 by Stephen Petty J.P. Aug. 25, 1853

812. Green L. Crowell & Margaret J. Rutherford Aug. 22, 1853

813. Albert Barnes & Polly Brown Aug. 23, 1853 by A. H. King J.P. Aug. 23, 1853

814. Hillard Hickman & Eliza Stuart Aug. 24, 1853 by Jas. Trousdale J.P. Aug. 25, 1853.

815. James H. Allen & Harriet D. Moore Aug. 25, 1853 by J. Jones J.P. Aug. 29, 1853.

103   816. James West & Sarah E. Robinson Aug. 27, 1853 by Robert Sanders Aug. 28, 1853

817. William Basum & Mary Haile Aug. 27, 1853. by Richard Lyon Aug. 28, 1853.

818. Henry D. Gass & Carey R. Duncan Aug. 31, 1853.

819. Newton Parker & Louisa Migett Sept. 1, 1853 by Thomas Driver J.P. Sept. 2, 1853.

820. Patrick A. Shoemake & Martha McKinney Sept. 1, 1853 by William Shoemake J.P. Sept. 5, 1853.

821. David C. Hubbard & Sarah J. McCall Sept. 6, 1853 by Drury Cornwell J.P. Sept. 7, 1853

822. Warner Oliver & Parthenia A. Greer Sept. 14, 1853 by James Barrett M.G. Sept. 15, 1853

823. John D. Turner & Nancy R. Smith Sept. 14, 1853 by James Barrett, M. G. Sept. 22, 1853.

104   824. Alfred Catron Martha S. Tunstall, Sept. 14, 1853 by L. H. Cage M. G. Sept. 15, 1853.

825. John L. Randolph & Mary Bradley Sept. 17, 1853 by Leroy H. Cage M. G. Sept. 18, 1853.

826. James Morman & Matilda Beal Sept. 19,1853 by E. W. Cornwell J.P. Sept. 23, 1853

827. George Beal & Lucinda Gregory Sept. 21, 1853 by L.D.Ballou J.P. Sept. 21, 1853.

828. Charles B. Russell & Nancy A. Russell Sept. 21, 1853 by L.A. Smithwick M. G. Sept. 21,1853

829. William B. Wooten & Frances Carter Sept. 21, 1853 by John Bridges J.P. Sept. 21, 1853.

830. Sidney S. Brooks & Minerva J. Suttan, Sept. 24,1853 by E. W. Cornwell J.P. Sept. 26,1853.

831. Horace F. Dowell & Martha C. Patterson Sept. 24,1853 by Jas. W. King M.G. Sept. 29, 1853.

832. Alexander A. Dillard & Lydia Shoemake Sept. 24,1853 by D.K. Timberlake M. G. Sept. 29, 1853.

833. Joseph Parker & Eliza E. Washer Sept. 24, 1853 by J. Dedman J. P. Sept. 24 1853.

834. Erastus S. Hance & Ann E. Hogg, Sept. 26, 1853 by Drury Cornwell J.P. Sept. 27, 1853.

835. James L. Reasonover & Elizabeth J. Allison Sept. 28,1853 by J.Dedman J.P. Sept. 29,1853

836. Francis M. Ward & Jane Newbell Oct. 5, 1853.

837. John W. Stewart & Nancy E. Brown Oct. 8,1853 by Daniel Smith M.G. Oct. 9, 1853

838. John M. Barrett & Frances Dowell Oct. 14, 1853 by L. Dies M.G.Oct. 14, 1853.

839. Berry Rigsby & Sarah Gann Oct. 14, 1853 by James M. Spain J.P. Oct. 25, 1853.

840. Lipscomb F. McMurey & Euginia E. Wilson Oct. 16, 1853 by L. H. Cage M. G. Oct. 20, 1853

841. Abner S. Rowland & Temperance Whitley Oct. 20, 1853 by J. W. Faty M.G. Oct. 25, 1853

842. G. L. Bower & Martha F. Jones Oct. 22, 1853 by James Barrett M. G. Oct. 25, 1853.

843. Jasan Chaffin & May Shoulders Oct. 22, 1853 by John Nickson J. P. Oct. 23, 1853

844. Achiles Oliver & Mary J. Greer Oct. 26, 1853 by L. Dies M. G. Oct. 27, 1853.

845. Isaac J. Heims & Nancy E. Law Oct. 27, 1853 by E. W. Cornwell J.P. Oct. 27, 1853

846. John B. Tubbs & Mary J. Hunt Oct. 30, 1853 by J. Dedman J.P. Oct. 30, 1853.

| Page | No. |

847. Nephthili J. Brock & Martha C. Starnes Oct. 31, 1853 by W. Maxwell J.P. May

107 848. John D. Owen & Fanny J. Jameson Nov. 1.1853 by D.K. Timberlake Nov. 18,1853

849. William Roberts & Elizabeth Dickens Nov. 1, 1853 by William Shoemake J.P. Nov. 4, 1853

850. Jacob Hughes & Elinor Wilson Nov. 2, 1853 by T. B. Flippen J.P. Nov. 2, 1853.

851. Alexander A. Squires & Amanda J. Bradford Nov. 8, 1853 by F.P. Gill J.P. Nov. 3, 1853

852. William Haynes & Mahala Stokes Nov. 3,1853

853. William L. Hart & Susan C. Corum Nov. 5,1853

854. William Allen & Ellen Day Nov. 6,1853 by Jonathn Wiseman M. G. Nov. 9, 1853

855. James S. Hally & Elizabeth Reed Nov. 8,1853

108 856. John M. Richmond & Frances C. Parker Nov. 14,1853 by Jonathan Wiseman M. G. Nov. 17,1853

857. William J. Smith & Rebecca E. Austin Nov. 21,1853 by J. B. Sloan J.P. Nov. 24, 1853

858. Cliftan R. Montgomery & Rebecca A. Wright Nov. 23,1853 by N. Ward J.P. Nov. 24, 1853.

859. James S. Wilson & Mary S. Enoch Nov. 23, 1853 by T. B. Flippen J.P. Nov. 24, 1853.

108 860. Archible Davis & Charlotte Simpson Nov. 24, 1853 by J. Jones J.P. Nov. 24, 1853.

861. Mathew M. Thompson & Jane Webb Nov. 25, 1853 by J. Jones J.P. Nov. 26, 1853

862. John Carver & Elizabeth D. Grastin, Nov. 26, 1853. by A. H. King J.P. Dec. 4, 1853.

863. Richard Davidson & Amanda J. Dickens Nov. 26,1853, by J. Belk M. G. Nov. 29, 1853.

109 864. Benjam. F. Chambers & Martha J. Martin Nov. 28, 1853 by E. B. Haynie M. G. Nov. 28, 1853.

865. Archable A. West & Sarah A. Kemp Nov. 28,1853 by Miles F. West J.P. Nov. 30, 1853.

866. Patrick M. Lancaster & Sarah A. Waters Nov. 28,1853, by Ira W. King M. G. Dec. 22,1853.

867. Martin B. Foutsh & Mary J. Dedman Nov. 29,1853 by Thomas Driver J. P. Dec. 1, 1853.

868. Paul Harper & Mary F. Eastes Nov. 30,1853 by T. B. Flippen J. P. Dec. 1,1853

869. Luther Oliver & Elizabeth Crutchfield Nov. 30, 1853. by Ira W. King M.G. Nov. 30, 1853.

870. Booker W. Austin & Nancy M. Hale Dec. 1, 1853 by L. D. Ballou J.P. Dec. 1,1853.

110 871. Joseph Shoulders & Elizabeth Perkins Dec. 1,1853 by John Nickson J.P. Dec. 1, 1853.

872. Carroll Dillard & Alethia A. Thackston Dec. 3, 1853 by J. Belk M.G. Ded. 4, 1853.

873. Jas. McDanold & Susan Beasley Dec. 6, 1853 by D. K. Timberlake M. G. Dec. 1853.

874. Franklin W. Stafford & Edy B. Dias Dec. 6,1853 by Philip T. Day J.P. Dec. 7,1853.

875. Archible Helmantaller & Nancy Wilkerson Dec. 6, 1853.

876. John T. Adams & Elsey West Dec. 7,1853 by Miles F. West J. P. Dec. 8,1853.

877. James W. Paschal & Adalade Smith Dec. 12, 1853 by N. Ward J.P. Dec. 18, 1853.

878. John D. Allen & Caroline Gregory Dec. 12, 1853.

879. Richard A. Bridgewater & Ann M. Seay Dec. 13, 1853 by John Seay M. G. Dec. 20,1853.

111 880. Hampton W. Mosly & Mary J. McClarin Dec. 14, 1853 by D.K.Timberlake M.G. Dec. 14,1853.

881. James Ballard & Martha Evans Dec. 15, 1853 by J. R. Sloan J.P. Dec. 15,1853.

882. John B. Robb & Mariah A. Robb Dec. 19, 1853 by E. W. Cornwell J.P. Dec. 19, 1853.

883. William Reece & Gincy A. Cornwell Dec. 19, 1853 by E. W. Cornwell J.P. Dec. 19, 1853

884. Birdwell Law & Elizabeth Carver Dec. 19,1853 by E. W. Cornwell J.P. Dec. 19,1853

885. David Coffee & Nancy Nolen Dec. 19,1853 by Ira W. King M. G. Dec. 21, 1853.

886. Monroe Wilson & Adaline Blackwell Dec. 22, 1853 by Ira W. King M. G. Dec. 22, 1853

887. Richard C. Sanders & Rhoda A. Reeves Dec. 22, 1853 by J. B. Sanders J.P. Dec. 22, 1853.

112 888. James McClarin & Nancy McClarin Dec. 22, 1853 by Ira W. King M.G. Dec.22,1853.

889. Jonathan B. Cooksey & Nancy A. Walker Dec. 26,1853 by W. N. Suit M.G. Dec. 28,1853.

890. Wain B. Short & Caroline D. Paschel, Dec. 28, 1853 by Ira W. King M.G. Dec. 28, 1853.

891. E. A. Coatny & Mary J. Hudson Dec. 27, 1853 by J. W. Fatey J. P. Dec. 28, 1853.

892. William Gillehan & Nancy F. Smith Dec. 28, 1853. by H. L. Trawick M. G. Dec. 28, 1853.

893. William T. Patey & Barthenia M. Paty Dec. 28, 1853 by J. Jones J.P. Dec. 29, 1853.

894. Donald Cosely & Elizabeth Davis Dec. 29, 1853 by Willis Dean J.P. Dec. 29, 1853.

895. John Smith & Eliza **Darnel** Dec. 30, 1853 by H. L. Trawick M. S. Dec. 30, 1853

113 896. James Baker & Elizabeth B. Hackett Jan. 2, 1854 by Miles F. West J.P. Jan. 5, 1854.

897. Hardy B. Gass & Susan L. Hughes Jan. 4, 1854 by F. Starnes J.P. Jan. 9, 1854.

898. Alexander **Durhem** & Eliza Winchester Jan. 6, 1854 by F. Starnes J. P. Jan. 9, 1854.

899. Stephen Philips & Mary A. Wood Jan. 7, 1854 by William Kearly J.P. Jan. 8, 185

900. James T. **Allmen** & Mary A. **Bachman** Jan. 7, 1854 by C. S. Sanders J. P. Jan. 8, 1854.

901. William F. Coles & Cornelia F. Grissim Jan. 9, 1854 by A. Mizell M. G. Dec. 10, 1853 (1854)?)

902. George L. Carter & Ara A. Waggoner Jan. 10, 1854.

903. Pleasant H. Rose & Darthulia H. Pruett Jan. 10, 1854 by Jas. M. Spain J.P. Dec. 11, 1854. **(Jan.?)**

114 904. Archible White & Mary M A Hankins Jan. 12, 1854 by F. P. Gill J. P. Jan. 12, 1854.

905. Richard Pyrant & Ruth A. West Jan. 13, 1854 by Miles F. West J.P. Han. 26, 18

906. John R. Culbreath & Penelope B. **Searcy** Jan. 18, 1854 by B. Patterson Jan. 19, 1854.

907. William B. Luck & Mary E. Vance Jan. 13, 1854 by O.L. Lemmen J.P. Jan. 15, 1854

908. Jeffersan J. Suttan & Martha A. Austin Jan. 16, 1854 by Jasan R. Sloan J.P. Jan. 18, 1854.

909. Charles M. Trawick & Ruth A. Ballard Jan. 16, 1854 by H. L. Trawick M.G. Jan. 17, 1854.

910. John Estes & Matilda Porter Jan. 24, 1854.

911. Henry Ray & Elizabeth **Petrois** Jan. 27, 1854 by F. L. Trawick M.G. Jan. 29, 1854.

115 912. William Carter & Mary Shaw Jan. 31, 1854.

913. James Hopkins & Aggy Green Jan. 31, 1854.

914. Elijah Farmer & Polly A. Whitten Feb. 1, 1854 by B. I. Vaden J.P. Feb. 2, 1854

915. Thomas Stafford & Amanda E. McClard Feb. 4, 1854 by Philip T. Day J.P. Feb. 5, 1854

916. William Hickman & Martha J. Stewart Feb. 6, 1854 by H. L. Trawick M. G. Feb. 8, 1854.

917. William T. Farmer & Sarah Ann Trawick Feb. 7, 1854 by H. L. Trawick M. G. Feb. 8, 1854.

918. Joseph P. Maxey & Levicy H. Hall Feb. 7, 1854 by John Nickson, J. P. Feb. 8, 1854.

919. William Boze & Fanny H. Gibbs Feb. 7, 1854 by C. S. Sampson J.P. Feb. 7, 1854.

920. Joseph or Jereber Fisher & Permelia Winchester Feb. 10, 1854 by F. Starnes J. P. Feb. 16, 1854.

921. Enoch Fisher & Mary C. Null Feb. 10, 1854 by L. Dies M. G. Feb. 19, 1854.

922. William V. R. Hallum & Prudence H. Rucks Feb. 14, 1854 by D. K. Timberlake M. G. Feb. 15, 1854.

923. John Martin & Matilda Holliman Feb. 22, 1854 by Miles F. West J. P. Mar. 3, 1854.

924. Robert R. Burtan & Sarah F. Patey Feb. 18, 1854 by J. B. Sanders J. P. Feb. 18, 1854.

925. Jacob S. Young & Sarah Jacobs Feb. 22, 1854 by H. L. Trawick M. G. Feb. 23, 1854.

926. William Hanly & Sarah Dice Feb. 25, 1854, by Jas. M. Spain J. P. Feb. 26, 1854.

927. Samuel B. Wilson & Rachel Bruce Feb. 25, 1854 by Ira W. King M. G. Feb. 27, 1854.

117. 928. Dicksan Dickens & Martha Bush Feb. 28, 1854.

929. William T. Martin & Nancy Hewitt Mar. 1, 1854 by E. W. Cornwell J. P. Mar. 5, 1854.

930. James W. Montgomery & Elizabeth Stafford Mar. 6, 1854 by Philip T. Day J. P. Mar. 9, 1854.

931. John M. Ballard & Minerva Apple Mar. 10, 1854 by R. L. Fazon M. G. Mar. 13, 1854.

932. William Farley & Jane Robinson Mar. 14, 1854 by Jno. Bridges J. P. Mar. 22, 1854.

933. Levi Nixon & Elizabeth C. Inge, Mar. 15, 1854 by Ira W. King M. G. Mar. 19, 1854.

934. John S. Gill & Elizabeth B. Hale Mar. 15, 1854 by J. B. Smith M. G. Mar. 16, 1854.

935. Jessee A. Sampson & Margaret Denny Mar. 21, 1854 by E. W. Cornwell J.P. Mar. 21, 1854.

SMITH COUNTY
MARRIAGE RECORD 1838

INDEX

Name	Number
Allen Arch	14
Algood Joel	16
Alus (?) Asa	25
Amonett M. H.	39
Allison Jos. P.	71
Beasley Shelby C.	15
Black Thos. J.	18
Bennett James A.	26
Blandenship David	27
Booker Elias M.	28
Browne(?) James H.	36
Boston(?) Eli	49
Bush John	52a
Bradley John	60
Baliff Saml.	72
Carr Wm. K.	3
Carmen Hosiah M.	11
Carroll Betty	19
Conger Elisha	22
Coker Jessee	40
Carter Charles	41
Conner William	53
Collum James C.	53(a)
Colman John C.	62
Cheek Jacob A.	74
Davis Erin W.	46
Duncan Joseph	51
Evans(or Exum) Jno.	37
Ewin Christopher	44
Fisher Thomas	7
Fuller Jno	70
Gordon Francis	2
Glenn(?) Lee C.	17
Gibbs John	29
Gillispie James	31
Harris Kinbrell	5
Hastings Washington	8
Hughes Samuel D.	43
Hays Francis	50
Howell Jno	54
Hanes Rufus	61
Hering (?) Bedford L.	65
Hughes Geo.	67
Hargis Handerson	76
Jones Jesse	48
Kemp Benton	21

Name	Number
Kerley Nathaniel	69
Lamons (Samson ?) Thos.	55
Maddux Thos D.	1
McKinny Wm. W.	42
Moris Pleasant	45
Mace Phimias	52
McClanahan Philip	59
Massey William	73
Oldham Wm. L.	9
Owens James M.	38
Palmer Woodson	12
Pigg Wm.	20
Penelton Lewis	23
Powell Bemsey	68
Rigsby William	24
Ray Jacob	30
Robinson Brooks	33
Reece Jonah	63
Reece Williamson	77
Smith Albert	6
Smith Wm.	32
Sypirt Wm. C.	34
Stonecipher Curtis	35
Smith Geo. W.	64
Sloan M. W.	66
Thompson Vincent	4
Terry (Or Towns?) Geo. M.	13
Uhls John	10
Uhls Michael L.	57
Williams Andrew	56
Whitlock Barnell	58
Wilson John	75

SMITH COUNTY
MARRIAGE RECORD 1838 AND 1845-1854

INDEX

Name	Number
Aldridge Henry	17
Abbetts Thomas	42
Arendell Jas M.	99
Anderson Louis	109
Armstead Saml. A.	113
Anderson Wm.	145
Armstead Jno.	170
Aldridge Wm. M.	177
Allen J. H.	207
Aldridge Andrew	161
Agee Jams	224
Angell Wm. W.	225
Anderson Sampson	229
Arington Calven	288
Ashly Nicholos J.	299
Arington Abbert	306
Averett Wm. W.	358
Anderson Lafayette	387
Alman Wm.	392
Allen Jessee	411
Ashly John	432
Allen Thomus	451
Allen Marcus	476
Austin James	485
Andrews Jessee B.	486
Alston James	508
Adcock James	545
Alcorn Robert S.	559
Arington Wm.	578
Anderson Burton	584
Anderson James	598
Aldridge James	611
Angell Wm W.	623
Andrews Jno. A.	724
Allen Archible V. H.	723
Aldridge Heny	670
Allen Charles M.	734
Aldridge Isham	736
Anderson John H.	739
Allen Armstrong W.	771
Anderson Wm. P.	785
Askew Wm. B.	799
Ashly Burdine	811
Allen Jams	815
Allen Wm.	854
Austin Booker	870
Adams John Q.	876
Allen John D.	878
Allmen Jas T.	900
Belcher Richd G.	125
Belcher Isaac	3
Beasley Wm. P.	35
Brittan Hansan	58
Bowles Edd T.	68
Baker Philip J.	69

Name	Number
Barry Robt M.	73
Brown Disny	103
Belcher Isaac	119
Beasley Henry	123
Baily Fed R.	130
Beal Geo W.	131
Baker And J.	136
Ballinger B. F.	140
Brown Wm.	164
Battan Sam H.	194
Batles M. H.	197
Bray Thos.	200
Birdwell T. S.	218
Brooks Sidney	226
Barrett Stephen	280
Ballinger Meredith	284
Bell Alexander	291
Boulton Thomas	295
Bradly Edmund S	212
Beasley Jessee	331
Borum ? Jefferson E.	337
Brey Richard	355
Branum George	362
Ballinger Thomas	365
Black Samuel	367
Butler James T.	385
Beasley Isham	388
Boze Jeremiah	390
Burton Umphris	391
Ballenger Benj. F.	402
Bray John	405
Butler Wade H.	471
Butts Elijah W.	418
Brown Samuel	419
Bradford V. R.	433
Barnet W. T.	434
Barnet James C.	435
Baker A. W. O.	440
Belcher Jams E.	442
Boulton Wm. D.	445
Butler Jeremiah	454
Bates Bird E.	510
Beasly Larkin S.	514
Bates Isaac	518
Baily Daniel	521
Beasly Robert	530
Bransford Arthur S	535
Burnett German H.	543
Baker James P.	551
Bass Wm. D.	562
Bridgwater Jno. C.	591
Beasly James E.	600
Baird Jessee	603
Bastan John	628
Black Hamilton	640

Name	Number		Name	Number
Brassell Wm.	651		Claridy James	282
Brown Wm.	652		Crutchfield Campbell	300
Baird Josiah	657		Chaffin John	311
Barksdale Richard T.	716		Chaffin Wm.	326
Baily Braxton P.	708		Cheek Lewis J.	340
Baily John	707		Chapman Wm.	349
Bennett James L.	698		Cage John O.	352
Brent James	697		Coggins John	366
Blankenship Jno. J.	694		Carnett Jas. W.	374
Barrett Isaac J.	692		Clariday John	377
Bruce Littleton	664		Crook Calvin J.	378
Baily Pinkny	665		Carter Elijah	395
Barton John R.	666		Craig Hiram M.	413
Brown Robert	668		Chastin John S.	429
Bruce Wm. J.	682		Curlee Jackson	431
Boatman F. M.	688		Corder David	460
Bond Jeremiah M.	691		Climer Thomas	461
Bradly Thomas	721		Cornwell Wm. P.	464
Baines Brice M.	748		Chambers Lewis	474
Bangham Joseph H.	774		Claridy John	484
Brockett Elisha	780		Colier Wm. A.	498
Bridges Joseph	787		Cardwell Wm. D.	504
Butler Thomas	797		Corly John	520
Belk James	801		Claridy Archibald	576
Baker Isaac N.	810		Climer John C.	579
Barnes Albert	813		Cornwell Foshu (?)	587
Barum (?) Wm.	817		Carter Jessee	602
Beal Geo.	827		Coggins Eli A.	604
Brooks Sidney S.	830		Carpenter William	609
Barrett John M.	838		Campbell David H.	653
Brock Nephthili J.	847		Condit Harris J.	662
Bridgewater Richard A.	819		Cartwright Enoch G.	673
Ballard James	881		Carter Abreham	674
Bowes (?) G. L.	842		Cardwell James A.	701
Baker James	896		Colbert Archible J.	718
Bose Wm.	919		Corum Stephn R.	769
Burton Robert	924		Coly John F.	772
Ballard Jno. M.	931		Colicuit George	777
			Croslin Jas.	802
Clardy Thos.	22		Crowell Green L.	812
Cody (?) W. G.	31		Catran Alfred	824
Crain H. S.	48		Chaffin Jasan	843
Chumly Daniel	54		Carver John	862
Cage Nat.	90		Chambers Benjamin F.	864
Casedy L. D.	95		Coffee David	885
Cobb Jam.	106		Cooksey Jonathan B.	889
Coker Jas.	135		Coatny E. A.	891
Carver Jno.	134		Casey (?) Daniel	894
Canody Wm.	159		Coles Wm. F.	901
Cleaveland P. M.	163		Carter George L.	902
Clard W. S.	165		Culbreath Jno. R.	906
Cheek Thos. W.	187		Carter Wm.	912
Clemmons Geo.	215			
Chanbers Richd.	219		Dillard William E.	126
Cliburn Daniel D.	230		Davis H.	98
Corly Wm. W.	239		Davis Jno. S.	6
Cornwell Larkin	247		Dejarnet Peter	23
Corly Nathaniel	260		Dickens L.	45
Carpenter Henry	268		Dillard Joseph	48
Carey Jno. G.	271		Davis W. B.	60
			Davis P. C.	77

Name	Number	Name	Number
Durham Jepth	79	Eastis Duncan N.	153
Dickerson H.	81	Essicks Thos H.	185
Dement(?) Wm.	88	Eadon John	478
Driver Wm.	94	East Thomas H.	553
Dyer Saml.	161a	Estes Wiley A	582
Douglas P.	168	Eckles Samel D.	585
Davis W. H.	184	Elrod Wm.	751
Durham Wm. H.	192	Estes John	910
Dowdy Jno.	212		
Duball Wm.	286	Fisher R. H.	220
Dice Mathias	283	Fry Jno. W.	8 & 122
Denton Thos. D.	369	Flippin A. O.	30
Decker Michael	381	Fuller Jessee	84
Dowell Wm. F.	403	Fanville Alexander R.	116
Douglas Edward F.	410	Fivash Jno.	146
Day George T.	421	Fisher Rily H.	220
Davis Stephen D. C.	422	Fuquay James	234
Dillehay Johnson	441	Freeman Wm. B.	259
Davis Thos. C.	481	Flippin Roger D.	375
Dennis Wm. R.	502	Foster Epps	415
Driver Burrell	513	Fulks Joel B.	424
Denny Wm. C.	516	Fisher Logan	512
Derrickson Joseph	523	Fuller Henry	536
Durham John S.	534	Flippin Thos U.	646
Davis John D.	542	Feagans Hezekiah	740
Davis Mathew R.	546	Furlong James	758
Driver Daniel	580	Fivash Littleton	778
Duncan Andrew J.	589	Foutch Martin B.	867
Dickens Jas. M.	595	Farmer Elijah	914
Denny William	596	Farmer Wm. T.	917
Dougherty Robert	599	Fisher Joseph	920
Douglass Joseph A.	607	Fisher Enoch	921
Dycus Leroy	624	Farly Wm.	932
Donoho John W.	638		
Darnell Joseph	650	Gass L. B.	178
Davis Jno. S.	671	Gregory Stephn	154
Dillehey James T.	686	Glover James E.	152
Duffer Joseph F.	702	Gann Robt.	32
Dickens Henry	714	Gillihan Wm.	36
Duty John	745	Gillehan Jackson	44
Durham Thos B.	760	Garrett Jas P.	50
Draper Wm.	770	Grasgew Marcus	64
Donoho Jno.	776	George Wm. H.	78
Duvall Charles	781	Greer Jno. A.	173
Davis James B.	789	Gordon M. A. L.	180
Donoho Henry	804	Grissim Thos D.	199
Davenport Thomas	803	Gillehan John	264
Dowell Horace P.	831	Gass Rufus P.	275
Dillard Alex A.	832	Gregory Major J.	318
Davis Archible	860	Green Thaduous F.	324
Davidson Richard Senr.	863	Gillaspie James A.	233
Dillard Carroll	872	Green Baily	372
Durhem Alexander	898	Givins Andrew J.	467
Dickens Dickson	928	Goad Abreham	494, 586
		Gibbs Wm. W.	507
Eaton Wm. J.	5	Gregory John	509
Edwards Leonidas	7	Green Robert	515
Eastes Geo. W.	33	Garner (?) Elijah	571
Exum Elrod	52	Grantham James C.	574

Name	Number	Name	Number
Garner John H.	590	Holland James	488
Grenade James A.	594	Hazzard Jno. D.	505
Griggs Daniel G.	626	Hayse Basil	517
Goad John	647	Hallum Albert G.	537
Graham Andrew J.	719	Hasting Wm.	547
George James T.	711	Hubbard Carnelius	567
Gillehan Wm.	672	Hogan Wm. C.	569
Givens Moses	685	Harris Fleming G	608
Givens Allen	689	Hally James	632
Gentry Herrel	695	Hance Rufus	649
Gwaltney Thomas	763	Hyatt John	656
Garrett James P.	764	Haile John	658
Gamon Thomas B.	798	Hughes Lemuel	675
Gass Henry D.	818	Halliburton Jno. B.	704
Gillehan Wm.	892	Holleman John B.	704
Gass Hardy B.	897	Hill Hinton A.	705
Gill John S.	934	Harper Wm. A.	706
		Hobbs Green	709
Hawkins Jno.	13	Haynes Jno.	727
Hammock L. A.	15	Hall Albert	728
Hart Jas. H.	27	Hudson Jno.	729
Highers Dixon	29	Hanse Geo W.	735
Holladey Wm. F.	74	Hailes Jonathan	741
Hicks Ed M.	89	High Joseph	750
Hammock Brice M.	101	Hiate Poleman	765
Hardcastle Jas. R.	102	Haly Jno H.	766
Herrell W. V.	134	Hickman Heywood	767
Heflin Logan	148	Haynes James	792
Hellums Guarman	174	Harris John	794
Henry Wilson	183	Heflin Jonathan	795
Helmonteller L. C.	201	Halley John S.	807
Haile Jessee	235	Hickman Hilliard	814
Haile James	244	Hubbard David C.	821
Haly L. G.	248	Hanse Erasturs S.	834
Hinton Thomas	254	Hines(?) Isaac J.	845
Harris Dawson B.	255	Highers Jacob	850
Hart Henry W.	272	Haynes Wm.	852
Horsly Wm. W.	276	Hart Wm. L.	853
Horten Wm. R.	279	Hally Jas. S.	855
Hughes Wm. F.	286	Harper Paul	868
Hazzard Let.	290	Helmontaller Arch	875
Hefner Francis M.	297	Hopkins James	913
Harris Samuel H.	302	Hickman Wm.	115
Huddleston Jno. P.	303	Hallem Wm. V. R.	116
Herran Hardy M.	304	Heanly Wm.	116
Hughes George R.	307		
Hanse Ammon	310	Johnson Wm.	10
Helmontaller Jno. W.	328	Jones Willis	28
Haynes Charles	329	Javancen(?) Benj.	47
Hoover, Wm.	342	Jinkins Henry	82
Hooks Joseph A.	373	Jinkins Wm. W.	112
Harris James	383	Jinkins Sam.	114
Hibbits Jas. R.	400	Johnson Jas. W.	172
Haynie Charles F.	427	James Alexander	198 - 206
Harris Wm.	447	Johnson Wm. C.	221
Heflin John	450	Ingrum George W.	223
Haynie E. B.	452	James Bethel W.	253
Hickson Jackson	462	Johnson Robertson	256

Name	Number	Name	Number
James Leonard	384	Law John H.	625
Jones Geo. W.	393	Lancaster Samuel	655
Jones Bartlet A.	417	Lawrence James H.	667
Jenkins Josiah	459	Lemmons Martin L.	717
Jeffrys Jas B.	482	Lavel James W.	743
Ivey Thos	493	Lamon John	755
Jones George W.	540	Lancaster Pat M.	866
Jones Purdeman	621	Lock Wm B.	907
Jinkins Samuel	633	Law Birdwell	884
Justice Daniel M.	635		
Jaimes Jno. L.	782	McFarland Lewis	38
James Dixon	791	Mann Geo C.	61
Johnson Mayfield	808	Mann F. G.	62
Kindred R. C.	1	McCormack T.	70
Kyles James	9	Miller Thos J.	71
Kittrell M. B.	39	McGinnis Jno.	76
Kent Wm.	96	Manning Jno.	100
Kemp Wily	143	McCormack Jas.	108
Kent James (Josep?)	144	Moran Jeremiah	117
Kinny Thomas P.	176	Manners Allen	118
Kittle Micajah	227	Martin Archd A.	128
Kindred Josiah H.	233	McMurry Ch. W.	142
Kemp Jonathan	321	Manning Wilson	166
Kemp Logan	225	Moors Jno. R.	188
Knight Wm.	367	Mason Jno.	190
Knight Latsey M.	368	Mathews Mathew	203
Kent Joshua P.	404	McMurry Vincent T.	210
Knight Y. M.	489	McClanchan Thos. J.	270
King Archible	503	McMurry Fountan P.	273
Kelly John	541	Minton Wm. G. H.	274
King James	566	Martin George	289
Kelly John	573	Malone Amri	301
Kemp Burrell S.	629	Menton A. J.	309
Knight Garland H.	639	McDonald Hanibald	313
Knight Montague	637	Morris John	315
Kelly Henry B.	654	Masy(?) William	316
King Elias	738	Moss William L.	327
Kemp James W.	747	Mohan John D.	335
Knight Ellis E.	757	Massey Eli	336
King Elias	793	McClanahan Jas. W.	338
		McCowan Adam L.	356
Litchford Jno.	196	McClellan James T.	359
Lynch Jno.	55	McDuffy R. C.	363
Lawrence Wm.	58	McClanahan Matisan S.	382
Lee Wm.	63	McMurty James	399
Lancaster Thos	83	Mannin Hiram	401
Liles Masten	87	McCormack James B.	425
Lapsley R. A.	110	McClellan Sampson	436
Lucky Jno F.	129	Mills John	439
Lynch G. W.	182	Maxey Thomas	455
Long Charles S.	287	Moss Jessee	463
Lancaster Samuel	314	McClanahan James	466
Lemmons Silas M.	319	Massey Wm.	469
Linch George W.	323	Moss Samuel A.	470
Lindsly A. G.	384	Morman Oliver	497
Lester Wm. J.	500	Minton Wilson W.	499
Litchford James	527	Moran Abraham W.	511
Lemmons Wm. G.	572	Mathews James	539

Name	Number		Name	Number
Moore Wm.	555		Owen Thomas	759
McClanahan Henry	557		Orange Francis M.	786
Massey Jessee	560		Oliver Warner	822
Moore Wm. B.	563		Oliver Achilles	844
Massey Washington	583		Owen Jno. D.	848
Mercer Russell W.	613		Oliver Luther	869
Manners Larkin	627			
Marlow Richard T.	631		Porter John	14
McNeilly Thos. M.	737		Preston Jas. C.	18
McClard Wm. C.	678		Pendleton Louis	26
Malone James	679		Pettross Jas M.	43
Moore W. S.	710		Pursley J.	72
McCormack Squire	720		Patterson Alex	85, 212
Mathews Jno. M.	722		Parker Wm L.	97
Manners Francis	742		Paty L. O.	115
Malone Wm.	762		Pankey Creed H.	133
Mathis Mathew	779		Posey(?) Alex	151
Martin Jesse	806		Petty L. A.	158
McDonald Ridly	809		Parker Jno F.	160
Moran(?) James	826		Pugk Jno.	175
McMurry L. P.	848		Porter W. C.	145
Montgomery Clifton	858		Pendarvis Jas. A.	216
McDonald James	873		Pyron Sterling B.	222
Morly H. W.	880		Page Wm. M.	228
McClarin James	888		Pendleton George W.	246
Maxey Joseph P.	918		Peris James M.	252
Martin John	923		Parker Richard	267
Martin William T.	929		Parkhurst Ezekiel	343
Montgomery James W.	930		Paschal Samuel	344
			Paschal Jno. A.	360
Nixon John	124		Pernell Iree	361
Nunly Alex W.	155		Parkhurst Thos	371
Nunly Wm. A.	191, 575		Parrott Nathaniel W.	407
Nixon Jas. H.	208		Petty John T.	408
Neal John	213		Petty Thomas	426
Nollner John H.	278		Perry Mitchell	465
Nixon Thomas	344		Pyles Pinkney	473
Nolen William	348		Pope Luellan	483
Nichols Pinkny A.	354		Pucket John	490
Nolen Archible C.	577		Pace Joseph	495
Norris Wm. C.	617		Parker Edmund C.	519
Nichols George	620		Pope Robert W.	532
Nichols Richard W.	643		Perry Martin	552
Neele Jeremiah	696		Piper William	597
Nixon Nephthili	712		Ponder John	601
Nixon Jas	726		Portin Hubbard	605
Nesbit Jno M.	733		Pitman James	263, 616
Nixon Robert	752		Parkhurst David	618
Nixon Levi	933		Parram William	639
			Parker W. S.	687
Oldham James F.	66		Piper James	693
Overstreet G. W.	104		Payne Wm. C.	703
Owens Samuel A.	107		Page John	768
Oakley William	132		Peace Thomas C.	773
Owens John G.	167		Porter Alexander	775
Overstreet Thos. W.	285		Patterson John	790
Oldham Richard	554		Patterson Wm.	803
Overstreet James P.	680		Parker Newton	819

Name	Number		Name	Number
Parker Joseph	833		Sexton Bird	56
Paschal James W.	877		Stephens W. G.	75
Patey Wm. T.	893		Strother G. W.	92
Pyrant Richard	905		Smith Jno.	93
			Saddler Wm. J.	113
Reed John	12		Simpson R.	217
Reece James T.	25		Smith Jourdan A.	242
Rigsby Alexander	105		Slate Howard	250
Reed Soloman	147		Stewart Mumford	251
Rowland Reas S.	156		Smith James H.	261
Reece Elias	171		Shepherd Joel T.	262
Reasonover Dous. M.	159		Stewart Michael S.	265
Reynolds James H.	209		Smith Thomas	293
Redman Benj.	193		Searcy Wesly	298
Robinson A. M.	204		Stalcup Thomas R.	305
Roberts Milton	242		Skelton Lemuel	308
Reed Robert	269		Smith John	317
Richardson Josiah	294		Smith William A.	332
Rawly Daniel	296		Spring Wm. G.	347
Rosco Wm. E.	345		Smith Mathew	351
Russell Luther	370		Smolding George	376
Robinson Wm. S.	437		Stone Ebineezer	386
Reed John	443		Sanderson James	397
Richardson Brittan M.	448		Smith Obediah H.	409
Richardson Wm. A.	458		Srowd Thomas J.	412
Russell Willis W.	472		Stewart James W.	428
Robinson Charles	479		Sampson Wm. G.	446
Rowland Wm. F.	487		Sullivan Daniel	453
Roddy Wm. G.	561		Springs Thomas	456
Ray James	581		Sadler Harbert	457
Robinson Burrill	614		Simmons John M.	475
Romine Thomas M.	622		Searcy H. F.	491
Rex Williams	648		Sanderson Thos. H.	492
Richardson Samuel D.			Stafford Wm. C.	501
Ragland Reubin C.	676		Shoemake Wm.	506
Reece Josiah	784		Smith Houston	522
Roberts John	796		Stubblefield Reuben	524
Randolph Jno. L.	825		Saddler Horbert	525
Russell Charles B.	828		Shoulders Wm.	529
Reasonover Jas. L.	835		Smith James	531
Rigsby Berry	839		Smith JordanA.	556
Rawland Abner S.	841		Shepherd Wm.	558
Roberts Wm.	849		Stubblefield John	564
Richmnd John M.	856		Stall Raliegh	592
Robb Jno. B.	882		Suit Dempsey H.	593
Reece Wm.	883		Swan Isaac N.	612
Rose Pleasant H.	903		Stafford Robertson	636
Ray Henry	911		Smith Simean. H.	644
			Stafford Elijah L.	641
Sykes Maj. A.	162		Shoemake James D.	642
Sanders Q. C.	157a		Scrivner Thomas J.	645, 659
Shoulders L.	157		Sampson Stephen D.	661
Smith James	149		Shoemake Miles W.	669
Stone P. H.	141		Scoggins Jas. W.	683
Smith William A.	4		Swiny Andrew J.	690
Smith Eleazer	11, 663		Sullivan Andrew J.	700
Sexton Thomas D.	24		Sampson Benjamin F.	753
Snider Joshua	34		Stafford Thos. C.	783

Name	Number
Suttan Jno. H.	788
Smith James A.	800
Shoemake Pat A.	820
Stewart Jno. W.	837
Squires Alexander N.	851
Smith Wm. J.	857
Shoulders Jno(?)	871
Stafford Frank W.	874
Sanders Richard	887
Short(?) W. B.	890
Smith John	895
Suttan Jef J.	908
Stafford Thos.	915
Sampson Jesse A.	935
Temples D.	16
Thomas Jno.	20
Turner Jas. N.	37
Taylor W. R.	57
Thomas Jas.	67
Tolbert Benj.	86
Taylor Brice M.	111
Thomas P. A.	195
Thomas Wily	205
Taylor James W.	214
Thomas James A.	241
Thompson Spencer S.	277
Trail Edward N.	320
Tyree John T.	350
Terry Wm. F.	396
Tryee Wm. H.	414
Thompson James S.	420
Terry Thomas J.	468
Thompson Charles Sr.	477
Turner John M.	526
Tyree David A.	528
Taylor Richard O.	544
Terry Thomas J.	562
Towns Wm. S.	568
Thomas Benjamin F.	606
Thaxton Thos W.	746
Tinsly Samuel B.	761
Turner Jno. D.	823
Tubb Jno. B.	846
Thompson Mathew M.	861
Trawick Charles M.	909
Underwood Burt	444
Vaughan Smith	231
Vanderpool Wm.	379
Williams Laten F.	150
Washer Asa C.	127
Warford Elijah 2,	120
Winkler Arthur	19
Williams John	21
Wakefield Booker	40

Name	Number
White Arch	41
Wade M. F.	51
Whittens Johnathan	53
Wadefield H.	80
Wilson Harvy D.	91
Williams Owens J.	121
Williams Henderson P.	169
Wade George W.	179
Willoby Isaac	181
Williams S. P.	211
Williams James	232
Woodson John D.	236
White Sylvester	237
Washburn James W.	238
West Ridly R.	245
Wright Ram. C.	257
Watson Allen	258
Warford James M. C.	266
Walker Warren	292
Wilson Robert	322
Winfrey David T.	330
Wilson Wm. J.	334
Wade Joseph	339
Wilbourn George	346
Wilson Archibald F.	353
Williams Samuel P.	357
Whitten Geo. W.	389
Wilkerson Thos. W.	394
Wright Robert G.	398
Waggoner Martin	406
Woodmore Willis	416
Woods Henry	423
Washer Ferris L.	430
Wyatt Leander J.	449
Wilburn Thos.	480
Winfrey Bennett C.	496
Woodward Henry	518
Witmore Isaac	534
Walker Henry	538
Waggoner George	508
Washer Johnson	509
Walker George W.	550
Williams T. H.	570, 715
Wilson John A.	588
Wilson Henry	610
White Sandy	615
West Poleman D.	619
Woodson Baily	630
White Isaiah	732
Washer Jno.	731
Woodward Jordan	730
Wade David	677
Williams Dixon C.	681
Wood Daniel	699
Wilson Edward W.	713
Whitly Wm. B.	725
West Isaac D.	744
Wallace Joseph	749

Name	Number
Woodmore Spencer	756
West Jas.	816
Wootten Wm. B.	829
Ward Francis M.	836
Wilson Jas. S.	859
West Arch O.	865
White Archible	904
Wilson Monroe	886
Wilson Samuel B.	927
Yeargin J. L.	65
Young Jacob S.	925

www.ingramcontent.com/pod-product-compliance
Lightning Source LLC
Chambersburg PA
CBHW030600080526
44585CB00012B/435